오늘의문학 특선시집 63 · 시로 쓴 일상

마중편지

知命 이 선 희 시집

국립중앙도서관 출판시도서목록(CIP)

마중편지 : 知命 이선희 시집 / 지은이: 이선희. -- 대전 :
오늘의문학사, 2017
p. ; cm. -- (오늘의문학 특선시집 ; 63·시로 쓴
일상)

ISBN 978-89-5669-836-6 03810 : ₩10000

한국 현대시[韓國現代詩]

811.7-KDC6
895.715-DDC23 CIP2017018690

마중편지

知命 이 선 희 시집

서시

존재하는 모든 것은
파장이 있다.

냄새로,
빛깔로,
느낌으로,
소리로
생명이 있든 없든

글
네가 없다면
나는
무엇으로 나의 파장을 일으킬거나.

책을 내면서

내가 생각하는 가장 큰 아름다움은
공감,
그것은
아주 추울 때
크고 따뜻한 이불을 함께 덮는 것,
비 오는 날
우산을 함께 쓰는 것,

이런 구차한 이유를 만들어
수필도 시도 아닌
문학도 낙서도 아닌 글을
세상에 내놓는 용기를 가져봅니다.

하던 일을 그만두고
이순의 나이가 되면서
이제까지 치킴 쫓기는 삶에서 벗어나고 싶었습니다.
매월 새날을 맞이하는 의식으로 글을 한 줄씩 쓰고
마중편지라 이름을 지어
가까운 분들과 나누다 보니
가끔 기다리는 분이 생기게 되었습니다.

그 사랑은 멈추지 않게 하는 힘이 되어
5년이 흘렀습니다.
병원에 입원했던 분에게서
이 편지를 기다렸다는 말을 듣고
마음이 혹은 몸이 아픈 사람들에게
잠시 도움이 되면 좋겠다는 생각을 해 보았습니다.

2009년, 딸아이가 안겨 준 손자 박 찬휘(짱이)
그는 내게 많은 시상을 던져 주었습니다.
작년에 미국으로 떠나기 전까지 찬휘는
신세계의 황홀함으로
젊은 날의 아픔들을 몽땅 치유해 주었습니다.

잎사귀 벗어버린 미루나무 가지에 쉬고 있는 해님처럼
외롭지 않은 늦은 나이를 보내게 해 주었습니다.
그리고 저의 생활의 한 부분을 도와주신 분들께 드린
감사의 편지도 함께 나누고 싶습니다.

문학성의 저울에서 벗어나
보통 사람들의 눈높이에 맞추어
오래 신은 편한 신발 같은 글,
'나도 그런데.'
라는 반응을 기다리며
그대의 마음 한 부분을 살짝 흔들어 주는
작은 새의 부리 정도
달콤한
자극이 되었으면 참 좋겠습니다.
그리고 한 가지
인터넷 용어로 몸살을 앓고 있는 우리말을
좀 더 살려내고 싶은 노력이
그대의 눈에 거슬리지 않기를.

차 례

1부

차 례

3부

1부

늙지 않는다는 것은
호기심을 잃지 않는 것이란다

새날에 대한
호기심을 잃지 않고
기다리고
맞이할 줄 안다는 것은

젊은 날
쫓기면서 보낸 많은 날보다
밀도 높은 날들을
갖는
첫걸음임을

사립문 _2012.06

5월의 마지막 날
어깨동갑 친구들이랑 가까운 산에 올랐습니다.
산 아래 마을
키 큰 탱자나무 울타리를 보며 생각합니다.
어떤 대문이 좋을까.
뾰족한 창을 꽂고 있는 철제 대문?
삐그덕 소리가 나는 나무 대문?
'이리 오너라'를 외쳐야만 열어주는 고대광실 대문?

나의 대문은
사립문으로 할래요.
접시랑 보시기를 담은 쟁반이 넘나들기 쉽도록

그대여
그대의 사립문 빗장 살짝 열어 놓으세요.
나 그 집 뜨락에
아무 때고
한 줄 떨어뜨리고 갈 수 있도록

그리고
시심(詩心) 한 주먹
동냥해줍사고

더위와 장마의 6월이지만
그래도 기다립니다.
구름 같은 내일이
만질 수 있는 빗방울이 되는
오늘이
궁금하잖아요.

해바라기와 백조 _2012.07

세 돌을 갓 지난 짱이에게 책을 읽어주다가
해바라기에는
혀꽃과 대롱꽃과 꽃싸개가 있다는 것을 배웠습니다.
혀처럼 생긴 노란 꽃잎이 애타게 나비를 부르면
대롱에 붙어있는 가운데 꽃에선
부지런히 꽃가루받이를 하고
꽃싸개는 그들을 소중하게 감싸 안아 주고 있답니다.

영국에 유학 가 있는 딸네 집 공원 연못
엄마백조는
마른 갈대 줄기를 주워다가
손으로 만든 것처럼
폭신한 둥지를 만들고
이상저온으로 춥기만 한 날씨에도
말뚝잠을 자면서 한 달이 넘도록
또바기 알을 품고 있었습니다.
드디어 아가 백조 여덟 마리가 태어났습니다.
누가 해치지 않을까 눈을 굴리며
주위를 지키는 아빠백조….

자연이 이토록 숨차게 아름다운 것은
사랑의 핵이 숨겨져 있기 때문입니다.
끊임없이 분열하여 큰 힘으로 폭발해버릴
사랑의 핵이
그대의 가슴 어디쯤 있는지
혹시 그 핵의 씨눈이 망가지지 않았는지
자연에게 물어볼래요?

7월엔 나도
해바라기처럼, 백조처럼
듬뿍 사랑할래요.
밑지면 어때요?

* 말뚝잠 : 앉아서 자는 잠.
* 뚝바기 : 언제나 한결같이.

성에꽃 _2012.08

밤새 내린 도둑눈 깊이를 잰다고
30cm 대나무자를 들고 오빠들이랑
장독대 항아리 사이를 뛰어다니던 시절
윗목 스텐 대접의 자리끼가 꽁꽁 얼고
커튼이 없어 더 일찍 찾아온 아침

국화 같기도 다알리아 같기도
생명을 몰라서 더 싱싱한
창문 가득 거침없는 잎사귀들

그러나
한 모금 입김에도 수줍어 사라지는
빛나는 색깔을 거부한 채
흰 깁의 아라베스크로
섭씨 0도 완전한 일탈의 고통 속에 머무는
얼음각시꽃

외할머니 삼년상을 치르느라
무색 치마저고리만 고집했던
어머니의 모습처럼

차마 서러운 꽃
너를 볼 수 있다면
영하의 잔치를 마다하지 않으리.

8월의 턱 밑에서
새삼
성에꽃과 엄마가 그리워지는 것은 왜일까?

* 도둑눈 : 밤새 몰래 내리는 눈.
* 자리끼 : 자다가 먹으려고 떠놓는 물.
* 깁 : 비단.

충실기 _2012.09

생물시간에
신장기와 충실기가 교대로 반복되면서
성장한다고 배웠지.
(어제 일은 생각이 안 나는데
중학교 시절은 생각나는 불가해한 나이를 살고 있다.)

미증유의 폭염으로 내달리던 여름
사람들은 올림픽 메달에 미쳐서
더운 줄 몰랐다.

들녘과 산골짝 열매들은
부피를 키우느라 더운 줄 몰랐다.
입추와 함께 그들의 신장기는 끝나고
충실기로 들어서서
뽀드득 여무는 소리가 들린다.

시퍼렇게 고개를 쳐들고
시금털털하게 철없던 그네들이
고개를 숙이며 농밀해질 때

표절이라도 하고픈
채도 높은 색깔로 물든다.
보늬 속살 같은 풍요를 이루어낸다.

8월 달 달력을 뜯어내고 남은 몇 장의 가벼움
갖가지 핑계로
공중분해하듯 흩어지고
닭 모이만큼 남은 월급봉투처럼….

개학을 코앞에 둔 학생마냥
잔달음으로
그네들만큼 부지런히
내 충실기를 맞이하련다.

* 보늬 : 밤이나 샃의 속껍질.
* 잔달음 : 바삐 뛰어가는 걸음.

아버지를 보내며 _2012.10

3.1운동이 일어나기 이태 전 1917년
이 세상에 오셨던 당신은
소용돌이치는 역사의 세월 속에서도
저희들 오남매를 낳아 소중히 길러 주셨습니다.

오래 전 어머니를 보내고
삶을 홀로 꾸려 나가셨습니다.
서툰 삶을 꾸리기에 얼마나 힘이 들까
하는 생각은 해 보지도 못하고
내 자신의 삶에 열중하느라고
가끔씩 당신을 돌아보는 것으로
자식이라는 이름을 달았습니다.

길가에 잎 넓은 플라타너스 나무 한그루가
그제도 어제도 서 있습니다.
그런데
오늘은 익숙하던 그 자리에
나무가 없어졌습니다.
어린아이 같이
빙긋이 웃으시며 항상 계시던 그 자리에서

당신을 찾을 수가 없습니다.
숨바꼭질을 하는 양
당신은 그림자도 남기지 않고
바람소리도 없는 곳으로
꼭꼭 숨어 버리셨습니다.

나에게는 없고
남에게 있는 것만 보던 시절을 지나
나에게만 있는
좋은 것들을 보는 나이가 되면서
그 좋은 것들을 물려주신
당신을 사랑하게 되었습니다.
입학식, 졸업식을 마치고
꼭 당신이 데려가던 음식점
이제 그 중국 음식을
먹을 수가 없을 것 같습니다.
가슴으로만 맛볼 수 있는
'울면'
맛의 두레반
그 한가운데에 있는 행복이었죠.

연필도 귀하던 그 시절
한 다스 12자루를 우리들에게
고루 배분하시곤
연필깎이 기계보다
더 곱게 깎아 주셨습니다.
서랍식 나무 필통에 하나 가득
나란히 채워놓고
토끼가 그려져 있던
가죽가방을 메고
선화국민학교에 등교하던
나의 뒷모습을
당신은 지금도 바라보고 계십니다.

달포 전 증손자 짱이의 재롱으로
사랑 가득했던
당신의 눈빛만을 기억할 것입니다.

당신도
어린 시절 당신의 친구 분들 앞에서
강화도령 노래를 불러드리던
자랑스런 작은딸로만 기억해 주십시오.

떨켜 _2012.11

여름 한 철
관다발의 물관과 체관, 잎사귀들은
해님을 만나
광합성 솜씨를 뽐내느라고
베짱이의 노랫소리도 듣지 못했다.

무엇이 서운했는지
해님이 조금씩 비켜서더니
떨켜가 생기고
나뭇잎 물길을 막아버린다.
몽니도 비라리도 없이
저녁노을처럼 슬픈 아름다움을 보이다가
살포시 내려앉아
누룩마냥 제 몸을 바치는
사로잠의 니르바나

하루해가 짧다고 미치듯
몸 바친 일터에서
어느 날

떨켜가 내몰은 잎사귀 되어
11월,
충분히 슬프다.

울고 싶은 사람들에게
너무 기다려지는 달이다.
혼자도 너무 많은 고독
그 웅덩이에 며칠 밤을 담그고 나면
고통을 심지삼아 켜진 초롱에
새싹 같은 꿈들이 피어나리라.

훗날
떨켜라는 각질을 위해
가장 아름다운 색깔을 준비해야겠다.

* 떨켜 : 낙엽이 질 무렵 잎과 가지사이에 생기는 코르크층.
* 비라리 : 구구하게 남에게 무엇을 청함.
* 사로잠 : 쪼그려 자는 잠.
* 니르바나 : 해탈에 듦.

마지막 _2012.12

인간이 금 그어놓은 시간의 분절
그 끄트머리 칸이다.
앞세웠던 많은 것들을 책임져야 하는 말
그는
늘 아쉬움을 돌돌 말고 서있다
얽힌 것, 막힌 것, 버릴 것
정리하라고 만들어진 달이다.

갓난아이 배냇짓 같은
이쁜 햇살이
가득 차지하고 졸다가
어깨동갑 친구와 내 발자국 소리 듣고
반가이 자리를 내주는
대청호 그림 짓는
계족산 정자에서

시끄러운 마음 탁탁 털어서
팔작지붕 고운 선 닮은
꼬마단풍나무 다홍 그늘에 묻어놓고

좋은 마음 함초롬 개켜서
머리에 이고 내려온다.

12월
하루하루 소중하다.
매치포인트에서 넣는 서브처럼.

* 어깨동갑 : 한 살 정도 차이 나는 동갑.
* 함초롬 : 가지런한 모양.

새해 마중 _2013.01

공주 신원사 가는 길 어디쯤
으름열매 많던 골짜기에서
가재를 잡던 추억이 있습니다.
돌멩이를 살짝 들추어보던 그 마음

초등학교 1학년 봄 소풍
나뭇가지, 바위틈에
선생님이 숨겨놓은
보물찾기 쪽지를 열어 보던 그 마음

오랜 산통을 겪으며
세상에 나와
하얀 겉싸개로 싸인
아기의 얼굴을 처음 마주하던 그 마음

그 설렘으로 기다립니다.
새해가 있어 행복합니다.

해님이 함지에서 목욕하는 동안에
헌 마음 꺼내
개울물에 뽀드득 씻어서
꼬까옷 입히고
두 손 무릎에 가지런히
부상에서 솟아올라
햇귀 가득 쏟아지는
희망의 외침들 속에
맨날 주머니 속에서만 다듬작거리던
비밀한 내 꿈 한 조각
슬쩍 밀어 넣고 싶으이.

* 함지 : 해지는 서쪽의 큰 못.
* 부상 : 해가 뜨는 동쪽 바다.
* 햇귀 : 해가 처음 솟을 때의 빛.

합죽이 아저씨 _2013.02

야간자율학습에 이어
한무릎공부 시늉을 한 아이들을 보내고
12시를 훌떡 넘긴 새날 밤 주차장 근처

앙가조촘한 허리로
폐지와 병들을 줍고 있던
합죽이 아저씨
고기 굽는 연기와 술 냄새, 노랫소리 사이로
밤새 주운 한 리어카 값,
먹다 만 맥주 한 병 값
그러나 빈 박스와 빈 병은
매일 밤 합죽이 아저씨의 종교이거늘
이보다 독한 삶에의 몰입은 없을 걸.

다음에 내려올 땐 '뜨거운 커피 한 잔….
마음만 열두 번
학원 사업자등록증을 반납하도록

콩알만 한 사랑도
실천의 다리를 건너는 것은
손톱 없이 매듭을 푸는 것만큼 어렵더라.
그 겨울밤 공연한 사랑
내 안에 들어와서 뒤보깨다가…

지금도 내 치부책에 적혀있는
커피 한 잔
받을 사람
합죽이 아저씨

봄티 옅은
간이역 같은 2월
묵은 빚 갚을 궁리를 해야겠다.

* 한무릎공부 : 한동안 착실히 하는 공부.
* 앙가조촘 : 일어서지도 앉지도 않은 모양.

제비 _2013.03

제비는
흙과 지푸라기, 돌 , 나뭇가지 등에
자신의 침을 섞어 강낭콩만큼씩
하루 300번 나흘 동안 비행하여
겉은 거칠지만
속새질한 듯 속 매끄러운
새집을 짓는다.
1200번의 비행으로 만들어진 평안
새 생명에게 부끄럽지 않다.

어젯밤
바쁜 가이아여신의 치맛자락에 이는 바람
종종 걸음에
후다닥 눈 뜬 새순들

부럼 깨는 소리에
상원 둥근달이 구름에 숨어버리고
새끼손가락처럼 짤따란
오는 듯 가버린
2월의 끄트머리

새물내 가신 달력 뒷장
아, 3월
캠퍼스에 가득한,
눈 속에서 서둘러 피는 복수초의 심장 같은 그것
참 그리운 말
"열정, enthusiasm !"
장롱 위에서 해찰하고 있는
그 녀석의 먼지를 털어내야겠다.

* 속새질하다 : 까칠까칠한 물건의 표면을 매끄럽게 하다.
* 가이아 : 대지의 여신.
* 상원 : 정월대보름.
* 새물내 : 새것에서 나는 냄새.

동유럽을 다녀와서 _2013.04

혜자와 장자는 자주 논쟁을 즐기던 막역지우였다.
어느 날 혜자가 장자가 하는 말을 듣고는
"자네가 하는 말은 쓸데없는 말뿐일세."
그러자 장자가 말했다.
"쓸 데가 없음을 알아야 비로소 쓸 곳을 이야기할 수 있지 않은가. 땅이 아무리 넓다 하더라도 사람이 걸을 때 쓰는 것은 발이 닿는 곳뿐일세. 그렇다고 발 닿는 곳만 남기고 나머지 땅을 모두 파헤친다면 걸을 수 있겠는가?"
"못 걷겠지."
"이제 자네는 쓸데없음의 쓸모를 알게 되었네."

지난 열흘 남짓 동유럽에 있는 여덟 나라를
버스로 내달려 냄새만 맡고 왔다.
남편이 내게 어떻더냐고 물었을 때
제일 먼저 떠오르는 것은
소꿉장난 같은 알프스 마을의 정겨움도
소금광산 지하에 흐르던 절대적 시간의 가치도
저절로 무릎을 꿇게 했던 성당의 경외도 아닌
폴란드의 아우슈비츠 수용소였다.

나치가 엄펑소니로 끌고 와서
백만이 넘는 유태인들에게 앉은벼락을 맞게 했던 곳
그들이 들고 왔던 이름 분명한 가죽가방에
아직 숨어있는
떫은 정적
까막별 같은 신음소리만 한 움큼 남기고 돌아섰다.

열여섯 새색시처럼 수줍은 4월
쓸데없는 아우슈비츠 수용소의
쓸모 있음을
곰곰 생각해봐야겠다.

* 엄펑소니 : 의뭉스럽게 남을 속이는 짓.
* 까마별 : 빛을 내지 않는 별.

엄마 기일에 _2013.05

초등학교 4학년쯤이었을까.
외할머니께서 돌아가시고
엄마는 정말 영화에 나오는 배우처럼
"어머니…, 어머니…!"
눈물로 할머니를 불렀다.

물기 날아간 수채화 물감 같던 엄마가
우련하나마 미소를 찾게 된 것은
그즈음 분식장려운동의 하나였던 요리강습이었다.
너울가지 없던 엄마가
누구랑 어디서 배우게 되었는지는 알 수 없지만
엄마는 빵집의 빵을 딱 반만큼 닮은
식빵을 수시로 만들어 주셨다.

이 늦은 나이에야 떠오르는
소설처럼 꿈꾸던
엄마의 두꺼운 요리공책
메인디쉬와 샐러드디쉬, 글래스와 함께
사이즈 다른 나이프와 포크 그리고 스푼이
여러 가지 타입으로 그려져 있었지.

꿈이면 어떠랴.
샹들리에 화려한 전망 좋은 레스토랑에서
그 많은 스푼, 나이프, 포크를
엄마가 배운 순서대로 써가며
음전하기 그지없는 식사를 나누고 싶다.

엄마가 좋아하는 음식은
생선대가리, 남은 반찬이 아니었음을.

* 우련하다 : 보일 듯 말듯 희미하다.
* 너울가지 : 남과 잘 사귀는 솜씨.
* 음전하다 : 말이나 행동이 곱고 우아하다.

새 집에서 _2013.06

내 삶의 삼할 이상을 보낸 곳,
잃은 것과 얻은 것이
어금지금한 이곳을 떠납니다.
이삿짐 한 귀퉁이에
꼭 가져가고 싶은 세 가지

앞 발코니 손바로에 있던 은행나무
은행잎이 축제처럼 무르익을 때
가을은 오직 나만의 계절이 되었죠.

부엌 창으로 보이는 등나무
등꽃숭어리가 뿜어내는 향기
봄철 소야의 애달픔에 한참씩 해찰했습니다.

비 오는 밤
먼 산 는개처럼 아롱거리는 가로등
203호만의 몽롱함
반쯤 눈을 감은 것처럼
세상은 아무래도 좋았습니다.

셋째 주 일요일
큰 트럭 두 대, 작은 트럭 하나랑
찾아온 새 집
기다리고 있던
아카시아 꽃과 뻐꾸기 소리 땜에
옛 집에서 꽁꽁 싸 왔던
세 친구들은
시나브로 잊혀질 것 같더이다.

6월
그렇게 잊혀진 지난 인연들
하나씩 더듬어 봄직도 하이.

* 소야 : 초저녁.
* 는개 : 안개비보다는 조금 굵고 이슬비보다는 가는 비.

참 좋은 달님 _2013.07

음식물 쓰레기를 버리고
한 번쯤
하늘을 보는 버릇 나만 있을까?

초하루이거나
매지구름이 가리거나
달님과 눈을 못 맞추면
바람맞은 듯 투정이 난다.

오늘 저녁 유난히 커다란
온새미 달님을 보고
스치고 지나가는 생각
달님을 닮고 싶다.
너무 눈이 부셔
소원을 빌기는커녕
쳐다보기도 어려운 해님보다는
모든 사람들의 소원을 들어주는
만만한 달님이 되고 싶다.

너무 많이 빌어서 닳고 닳은
묵은 소원도 빌고
잔속도 쏟아놓고 있자니
우리 집 위층 아저씨도
나를 따라
달님을 한참 바라본다.
그 양반은 무엇을 빌었을까?

고온과 다습, 두 강적의
깔딱고개 같은 7월
마구 치열하리라.
달님에게 부끄럽지 않도록.

* 매지구름 : 비를 머금은 조각구름.
* 온새미 : 자르거나 쪼개지 않은 그대로의 상태.
* 잔속 : 잔걱정.

계영배처럼 _2013.08

어느 나라 관공서에서는
옛날 타자기로 문서를 작성하기도 한단다.
해킹 때문에…
먼지 많이 묻은 말
타자기
참으로 반갑다.

디지털 문명이
무척 어지럽다고 하면서도
내 책상 밑 6구짜리 멀티탭은 지금도 바쁘다.
스마트폰, 아이패드와 컴퓨터 밥 땜에

지하주차장에 주차한 다음
휴대폰으로 사진을 찍어 놓는 것
두 자리의 숫자조차도 외우기 싫음이
외우지 못함을 낳았다.

7할 넘어부터는 새 버리는
계영배라는 술잔을 기억한다.
7할을 넘어버린 지금

멀쩡한 사람을 치룽구니로 만드는
디지털 아편 때에
디지털치매라는 병이 등장한 지금

여우비 마실 와서 더 이쁜
갈맷빛 앞산마냥
8월
조금만 본디대로 덜어내고 싶다.
방바닥에 배 깔고 엎드려서
손 편지 한 장 써 볼거나.

* 치룽구니 : 어리석어 쓸모가 없는 사람.
* 갈맷빛 : 짙은 초록색.
* 여우비 : 볕이 나 있는 날 잠깐 오다가 그치는 비.

베란다에서 _2013.09

좋은 일 축하한다고 보내준 화분들
이 사람 저 사람에게 나누어주고
남은 동양란 여섯 개
물 주기로 정해 놓은
토요일이 싫어지기 시작했는데
남편이 담배 피우는 옆자리에 있던
난 하나가
노랗게 안색이 변해가데요.
다른 것하고 바꾸어 놓으려다가
그 녀석을 보내기로 마음먹었죠.

잎사귀 노란 그 화분이 보란 듯이 꽃을 피워냈습니다.
잎사귀가 까맣게 타 들어가던 조리복소니 화분에선
난석을 뚫고 올라오는 새 촉들의 안간힘
"아, 미안해."
고동색 화분 몇 개 얻어다
겨자색 영양제와 함께 다독여 주었죠.

동양란 화분 열 개
새 식구로 203호 주민등록 한 칸씩 차지하게 되었네요.
양반다리를 하고 커피를 마시는데
서로 내 무릎을 차지하려고
잎사귀 고양이 꼬리처럼 치켜들고
한껏 고고함 다투느니.

9월
사람과 동물과 식물의 말까지도
옮겨 적을 수 있는
글자를 연구해야겠다.

* 조리복소니 : 원래 크던 물건이 차차 졸아들거나 깎여서 볼품이 없게 된 것.

서른만큼 _2013.10

네 살 박이 손자 짱이가 셀 수 있는
가장 큰 숫자.
"엄마, 배가 서른만큼 고파요"
"초콜릿 서른만큼 맛있어요."
우주만큼
크고 넓고 많은 서른….

옛날 어느 마을에 살던 앉은뱅이 아낙네
사람들은 새참 들밥을 먹을 때마다
'고씨네!' 하며 주먹밥을 던져주었지.
그 말이 지금 고수레가 되었단다.
옛날 사람들은
우듬지에 달려있는 열매를 까치밥으로 남겨 놓았지.
그렇게 함께 사는 모두는
서른만큼씩 나누어 가졌다.

백과 천을 채워버린
곱셈과 덧셈만 좋아하는 우리는
밥 뜸 냄새 가득
태양과 바람이 진설해놓은

가을의 잔치 앞에서 부르던
노래를 잃어버렸다.
아무리 먹어도 늘 허기진
고아원의 아이처럼 배가 고프다.

10월엔
물 풍선처럼 늘어난
내 욕심주머니를
다시 서른만큼만으로
꿰매야 할 것 같다.

* 고수레 : 산이나 들에서 음식을 먹을 때 먼저 조금 던지는 일.
* 우듬지 : 나무 꼭대기 줄기.

초침처럼 _2013.11

"까맣고 긴 바늘이 3에 가면 어린이집 차가 온다고 했지요?"

서두르는 내 말엔 대꾸도 없이

열심히 시계를 바라보던 짱이가

"그런데 할머니, 빨갛고 긴 막대기는 왜 저렇게 빨리 가요?"

"참 부지런한 빨간 바늘 초침이

다섯 바퀴 돌 동안

까맣고 긴 바늘 분침은

숫자 한 칸 발을 옮기고

예순 바퀴를 돌 동안

작고 굵은 검은 바늘 시침은

궁둥이를 슬쩍 한 칸 옮겨 앉는단다.

짱이는 제일 부지런한 빨간 바늘이 될 거예요?

보통인 중간 바늘이 될 거예요?

제일 게으른 짧은 바늘이 될 거예요?"

"부지런한 바늘이 될 거에요"

씩씩하게 대답하는 짱이.

그래 그렇구나.
애초부터 굵은 바늘인 사람들을 만날 때
쉽게 사는 인생이라며
얌심하지 않고,
긴 허리가 젖혀지도록
째깍째깍
주니도 안 내고
시간을 엮고 있는 저 녀석처럼
뚜벅뚜벅 가야지.

다섯 살짜리 손자와 인생을 논하며
맞이하는 11월
외롭지 않아서 참 좋다.

* 얌심 : 시기하는 마음.
* 주니 : 몹시 지루함을 느끼는 싫증.

계족산에서 _2013.12

산에 오른다.
11월의 바람이
덧발랐던 분치장을 걷어낸다
평생동안 결코 비켜주지 않는
마마자국 같은 외로움이란 녀석과
마음껏 드잡이를 하러….

외로움이란 녀석은 거울처럼 정직하다.
시간으로도, 항생제로도
낫구어지지 않는
산에서만 볼 수 있는 상처들이
딱지가 생기지 않는
프로메테우스의 간마냥
꽁꽁 싸맨 채
소실점으로 마감되는 산허릿길로
손톱만 하다가 보름달만 하게
풀어서 열어보고, 뒤집어도 보고
호-하고 불어준다

등판에 소금꽃이 필 때쯤
다시 싸매서 마음 한 쪽으로 밀어놓고
외롭지 않기 위해
무슨 일인가를 벌이러
벨소리 요란한
속(俗)으로 내려온다.

12월
모르는 척하던
나만의 아픔에 열중해볼까

* 드잡이판 : 서로 머리나 멱살을 움켜잡고 벌이는 싸움판.
* 소금꽃 : 땀에 옷이 젖은 다음 말라서 하얗게 생기는 얼룩.

도타운 마음 _2014.01

살아있는 사람에게만,
책력이라는 문명을 누리는 사람에게만
새해는 옵니다.

얼룩지고 구겨진
한 해를 보낸 사람에게도
중동무이한 것들 가득 차서
새해를 맞을 준비가
안 된 사람에게도
너무 열심히 살아서
나달나달해진 한 해를
보낸 사람에게도
새해는 옵니다.

자꾸만 말아 올라가는
달력에 무릎을 고이고
생일과 기념일들에 검은 싸인펜으로
동그라미를 치는
도타운 마음으로

예쁜 잎사귀 구멍 내는
우박 닮은 심술부리지 말고
꺼풀 벗겨지는 아픔을 참아가며
맨 먼저 봄을 여는
산수유나무처럼
배추 속고갱이
말간 마음
자꾸자꾸 기억하렵니다.

* 중동무이 : 하던 일을 끝내지 못함.

새집 _2014.02

치카치카를 하고 세수를 하다가
"어머나 짱이 머리에 새집을 지었네!"
"할머니 무슨 새가 지었는데요?"
"글쎄 아마 무척 예쁜 새였나보다.
잠깐만, 물 묻혀서 새집 없애야겠다."
"할머니, 없애지 마요.
그럼 오늘 밤에 새가 다시 못 오잖아요."

다음날
"어 또 새집을 지었네."
"왜 새는 내 머리에만 날아올까요?
내가 그렇게 이쁜가?"
아주 달콤한 표정을 지으며 뿌듯해 한다.

다음날
짱이의 얌전한 뒷머리를 보고
"어, 오늘은 새집이 없네…."
그 소리를 들은 짱이, 너무 걱정스런 표정으로
"아, 너무 멀리 갔나 봐요, 그래서 못 오나?"

다음날
“짱이 퍼머하면 예쁠 것 같죠?”
엄마가 하는 말을 듣더니
하루 종일 퍼머를 시켜달라고 졸라댄다.
“왜 그렇게 하고 싶은데?”
“내 머리가 예쁘면 새가 더 많이 올 기잖아요.”

곱슬곱슬 퍼머를 하고
새들이 집짓기 좋으라고
시위잠을 자고 있는
짱이 머리로 날아오는
앞산의 새 소리랑
따지기때 흙 속 씨앗
옷 벗는 소리들에
귀 기울여 볼까.

* 시위잠 : 활시위처럼 웅크리고 자는 잠.
* 따지기때 : 초봄에 얼었던 흙이 풀리는 때.

무당벌레 _2014.03

거실청소를 하다
녹두알만한 무당벌레 한 마리를 발견했다.
진공청소기에 빨려 들까봐
얼른 주워 플라스틱 통에 넣고
비닐로 뚜껑을 만든 다음 포크로 숨구멍을 내 주었다.

유치원에서 돌아온 짱이에게 보여 주었더니
"할머니 이 무당벌레 엄마는 어디 갔어요?"
"글쎄, 곤충은 태어나면 혼자 살아간단다."
"그럼 할머니, 어제 밤에 엄마랑 접은 무당벌레를
옆에다 놔 줄래요. 외롭지 말라고요."
빨간색 종이에 까만 점까지 찍은 종이벌레로는
마음이 안 놓이는지
수시로 들여다보며 대화를 나누는 짱이.

시집온 지 얼마 되지 않았을 무렵
시금치 삶은 물을 마당에 나비물로 끼얹으려는 나에게
시어머니께선
"얘야, 이렇게 뜨거운 물은 그냥 버리면 안 된다
지렁이 같은 벌레들 다 죽으면 어쩌려고 …."

짱이가 사랑하는 생명과
시어머니가 존중했던 생명이
좌항과 우항에
나란히 아름다운 3월
새 나이테를 위해
힘차게 빨아올리는 나무 물관부의
맥박소리가 들리는데
나는
무엇으로 나의 생명을 빛접게 할거나….

* 나비물 : 옆으로 쫙 퍼지게 끼얹는 물.
* 빛접다 : 떳떳하고 번듯하여 부끄러울 게 없다.

지족산에서 _2014.04

꽃샘, 잎샘 지나간
우리 동네 뒷산
금방 목욕 끝낸 갓난아이같이 이쁜 산
멀지 않아서,
높지 않아서
친구 같은 산
눈 뜨자 이미 산에 가 있는 마음

모자와 물통을 챙겨서
가파른 비탈 바위를 만나
헉헉거리는 날숨과 함께
누군가가 내게 던진
아직 못 넘기고 있던
목에 걸린 걸림돌 뱉으니
고개 쉽게 넘으라고
노둣돌이 되네요.
고개마다 걸림돌 뱉으니
몸도 마음도 가벼워지는 까닭
등산화 일곱 개쯤 개비할 무렵
터득한 미립 한 조각.

생강나무랑 뫼벚꽃이랑 진달래랑
순서도 없이
다투어 피는 앞산,
미세먼지라도 좋아요. 황사면 어때요?
가서
성하(盛夏)를 꿈꾸는 4월의 음모에
슬쩍
한 발 들여놓음 어떨지.

* 노둣돌 : 오르거나 내릴 때에 발돋움하기 위한 큰 돌.
* 성하 : 한 여름.
* 미립 : 경험을 통하여 얻은 묘한 이치나 요령.

엄마 생각 _2014.05

거울 속엔
내가 외우고 있는 당신의 모습이
내가 외우고 있는 말씀을 하십니다.
내가 잊어버릴까 봐
내가 못 들은 체 할까 봐.

나 역시
내 아이에게 그대로 옮겨줍니다.

화톳불처럼 따뜻하고
얇은 반달같이 수련하던
당신의 미소,
도내기샘 같던 당신의 사랑,
늘 서성이던
당신의 사로잠을 알 수 있는,
당신이 가시던 나이에
나는 늘 어리광을 부리는 아이이고 싶어라.
나는 무작정 떼를 쓰는 철부지이고 싶어라.

당신이 흘리신 눈물이
우리들 가슴 속에서
어린 싹을 틔워내어
푸른 잔디 같은 쉼터가 되었듯이
당신이 계신 곳은
춥지도 덥지도 않고
나비잠을 자고 있는 아이처럼
평화로운 세상이기를
바라고 또 바랍니다.

* 수련하다 : 몸가짐이나 마음씨가 맑고 순수하다.
* 사로잠 : 염려가 되어 마음을 놓지 못하고 조바심하며 자는 잠.
* 도내기샘 : 깊게 판 샘.

보명화 보살님 _2016.06

나무는 고요하고자 하나 바람이 그치지 아니하고
자식은 봉양하고자 하나 어버이는 기다려 주지 않는다네.
풍수지탄(風樹之嘆)이라 하던가.

나이는 한 아름 먹었는데
아직도
묻고 싶은 게 자꾸자꾸 많아지는데
당신은 어디 있나요.

시장에서 사온 열무를 다듬으며
당신에게 물김치 담는 법을 배우던
새댁이 되어
나이는 먹어도
빛이 바래지 않는 추억을 꺼내봅니다.

신혼시절
늦게 들어 온 남편이
휭하니 나가버린 날 아침
친구들하고 맛있는 것 먹으라고

지폐 몇 장 쥐어주시며
억지로 내 보내셨지.
속상하다고 친정에 가는 바보가 되지 말라고….
한 번도 친정에 어두운 낯빛을
가져 간 적이 없었지.

비가 오는 날엔 털이개를 쓰지 말라고 하셨지.
먼지가 도루 내려앉는다고 하셨던가.
기압을 공부한
나도 잘 모르는 이치를 어떻게 아셨을까.

경국사 백일기도 가시느라고
정릉 가는 시내버스가 붐벼서
코트 앞자락 단추가 매일 떨어졌지.
자가용도 안 되고 택시도 안 되고
부처님이 원하시지 않기 때문에….

아버님을 먼저 보내고
당신 혼자 절을 지키실 때
외롭다 하셨던 뜻밖의 말씀

그때는 왜 몰랐을까.
외로움은 나이에 비례한다는 것을

아욱국과 호박죽,
제사상에 올려달라고
당신이 알려준 음식
그 쉬운 약속도 어쩌다 한 번
죄스럽기만 이 늦은 나이에
당신을 그립니다.

보명선원 봉불식이 있던 날
얇은 모시 적삼과 회색빛 법복 바지를 입으시고
옹기종기 자식들과 송담 스님을 기다리다
큰 아들이 던진 농담에
소리 없이 얼굴 가득 머금은 웃음이
맑은 수정처럼
햇빛에 부서질 때
아! 정말 보살이 되셨구나.
서방정토 어디쯤 열심히 공부하시어
남자로 태어나시겠다던
그 다짐 꼭 이루소서.

Heeja

소나무 _2014.07

소나무의 새순이 제법 녹색으로 변할 무렵
바위 옆댕이에 낑겨서
비뚤어진 몸으로 균형을 유지하려고
진땀을 빼고 있는 우리 짱이만한 소나무를 만났다.
"왜 넌 그러고 있니?
'이왕 생명을 주시려거든 움직일 수 있는 발도 좀 주시지요.
아니면
저 햇빛 잘 드는 평평한 곳에다 나게 하든지요.'
이렇게 하느님에게 불평 좀 하려무나."
하고 쏘삭질을 해댔다.

때마침 불어오는 산들바람에
아직 애기 티 가시지 않은
한솔
가느다란 두 잎으로
염화미소를 지어 보였다.

망초 꽃 가득 살림 차린 산자락을 지나
무릎이 얼얼하도록 꼭대기를 찍고는

그 소나무에게
너는 알고 나는 모르는
그 미소가 무슨 뜻이냐고 물어 볼 것이다.

열두 달 이름답지 않은 달이 있으랴마는
혹독하고 싶은
7월
맨발로 맞이하리다.

* 한솔 : 한국소나무는 두 잎, 일본 소나무는 세 잎으로 묶어 남.
* 염화미소 : 말로 통하지 아니하고 마음에서 마음으로 전하는 일.

시아버님 기일에 _2014.08

마포구 합정동 377-42, 막다른 골목집,
그래서 서울하늘을 볼 수 있는 집

새 며느리를 봤다고 심으신 배나무
달빛 아래 하얗게 빛나던 배꽃과
낯선 시집의 섦더딤을
나누어 가졌던 시절이 있었습니다.
함께 심으셨던 슈퍼스타라는 흑장미
당신의 자랑이던 왕벚꽃은 올해도
애기 주먹만 하게 피었을까.

달콤하고도 비밀한 시아버지 사랑을
맛만 살짝 보여주고 가셨습니다.
가뭄 가운데 지나가는 먼지잼처럼….
내 아쉬움에 울고 울었습니다.

아들을 낳았다고
꽃방석에 앉았던 그 며느리는
이름을 달리하시던 당신의 나이가 되었습니다.
눈도 귀도 어두워진 채

마음의 날은 더 뾰족해져서
고기산적을 뒤집는 손가락
당신을 향한 그리움이 콕콕 찔러옵니다.

칠부능선 같은 8월
아쉬움의 첫 번째 시작은 어디일까.
아무리 흘려도 아깝지 않은 땀을 흘리며
가득 고여 있는 아쉬움도 흘려버릴
해답을 톺아 봐야겠다.

* 먼지잼 : 비가 겨우 먼지나 날리지 않을 정도로 조금 옴.
* 톺다 : 모조리 더듬어 뒤지면서 찾다.

지누이야기 _2014.09

우리 집엔
아흔 살이 넘은 할아버지 고양이 지누가 있어요.
밥 먹고 물 먹고 전용화장실에 갔다 오고
금방 외출할 것처럼 몸단장을 하지요.
한 쪽 눈과 귀는 이미 그 노릇을 하지 못해도
호기심은 그대로라
새벽호랑이처럼 집안 곳곳을 어슬렁거리며
보스락장난을 하지요.
탈옥을 꿈꾸는 빠삐용처럼
창 앞에서 먼산바라기를 하다가
그것도 주니가 나면
흉내 낼 수 없는 자세로 잔답니다.

부르는 소리엔 모른 척하지만
내 발자국 소리엔
현관을 지키는
재 속의 밑불 같은 숨은 사랑
사람들은 흉내내지 못하지.

오래된 인연을 첫째로 아는
지누와 나는
밥을 주고받으면서
시간의 태엽을 감고 있다.

너무나 이른 한가위 때문에
더 서둘러지는 마음
그래도 인디안 써머같이 따끈한 오늘
심드렁했던
지난여름이 아쉽지 않으이.

* 보스락장난 : 행동이나 소리가 크지 아니하면서 조심스럽게 하는 장난.
* 먼산바라기 : 먼 곳만을 우두커니 바라보는 일.
* 주니 : 몹시 지루함을 느끼는 싫증.

내 몫 _2014.10

자개바람이 나도록 올라가
산에서 만난
남의나이 바위도

몰래 찾아간
비밀 가득한 갈대숲도

버스정류장 끝
윤슬이 아름다운 강물도
모른다고 하길래

왜
그런 거냐고
돌고 돌아 하느님께 갔는데

구분과 분류를 좋아하는 것은
하느님도 사람하고 똑같아서인지
네 아픔은 어느 항목에도
해당하지 않는다며 돌아가라 하더이다.

역시…,
내 몫이군요.

가을,
공연히 하늘을 쳐다보게 하는 말
혼자라는 말을 안고 있는 말
나보다 한 발짝 앞에 가는
그림자마저 버리고
흠뻑
잠겨보리다.

* 자개바람 : 쥐가 나서 근육이 굳어짐.
* 남의 나이 : 팔순이상의 나이.

큰오빠 희수연에 부쳐 _2014.11

내게 의식이 생길 무렵
엄마가 군에 간 큰오빠를 그리며
선화동 집 마루 끝에 앉아서 눈물짓던
흐릿한 기억
그리고 중학교 입학선물 시계와 함께
나와의 기억들이 시작되었죠.

큰오빠라고 부르는 사람
'큰'이라는 첫마디는
오빠에게 큰 등짐을 얹어주었죠.
큰오빠 큰아들이라고 부르는 것을 삯으로 내고
묵묵히 끄는 수레에 참 많은 사람들이
오래 혹은 잠깐씩 올라탔죠.
곰비임비 기다리던 많은 일
참 훌륭한 사북노릇을 해 냈습니다.

열일곱이라는 엄청난 나이 차의 막내까지도
이제는 시니어라는 한 그룹으로 묶여지게 되었네요.
끊임없이 분열하는 후각세포처럼
생각을 키우는 섬모도 점점 풍성해져서

후회와 아쉬움에
늘 긴 밤을 지키게 되었습니다.

할머니인 내가
여섯 살 손주가 바라는 것을
다 해줄 수 없어
발을 동동 구르듯이
하느님도 우리가 바라는 것을
다 해줄 수 없어
가슴을 치며
안타까워하시겠죠.

그러나 우리에겐
우리가 물을 주고 거름을 주며
키울 수 있는 마음이 있어요.

오빠의 마음은
꽃밭에 있는
꽃보다도 싱싱해서
보는 이마다 발걸음을 멈추고

평화를 나누어가는
사랑이기를 기도합니다.

기쁘고 기쁜 나이
창밖엔 들국화 가득하고
콩깍지 안
나란한 콩알들의 다정한 속삭임처럼
띠앗 좋은 우리 형제들이
따뜻한 밥과
추억을 나누는 이 자리가
한 아름 기쁨입니다.

* 희수 : 77세.
* 곰비임비 : 일이 계속해서 일어남.
* 사북 : 사물의 가장 중요한 부분.
* 띠앗 : 형제간의 우애.

잠아(潛芽)처럼 _2014.12

햇감자가 나올 무렵 감자 한 상자를 사왔는데
지인이 나누어 준 맛있는 감자부터 먼저 먹느라
가을이 되어서 열어보니
수많은 싹들이 어서 흙에 묻어달라고
함성을 지르고 있었다.
몇 마지기의 감자밭을 일굴 만큼
독 묻은 창처럼 절규하는 생명의 갈망을 외면하고
날을 잡아서
어떻게 하면 솔라닌이라는 독을 도려낼 수 있을까.
어떻게 하면 감자를 덜 없앨까.
효율적인 방법에 골몰하며 작업을 끝냈다.
더 이상 영양을 도둑맞지 않겠다는 듯이….

그리고 오늘 아침 국거리를 감자로 선택했다.
몇 알 꺼내려고 상자를 열어보니
다시 여기저기에서
불쑥거리고 나오는 싹들이
차라리 꽃에 가까운 생명의 잔치를 벌이고 있었다.
경외라는 단어가 아깝지 않으이.
또 다시 도려내고

'너는 내 멘토로구나.'

12월
정답 못 적은 빈 괄호 같은 어제의 덧셈을
지난해라는 리본으로 동여매야 하는 달
손등에 자리 잡은 검버섯처럼
뭉개진 싹들 때문에
서글퍼하지 말고
저큼,
쪼글거리는 나이테 깊이 숨어 있는
잠아들을 찾아내야 하리니.

* 잠아 : 식물줄기의 껍질 속에 숨어 있다가 줄기를 자르면 트이는 눈.
* 저큼 : 똑같은 잘못을 하지 않기도 마음먹음.

선물상자 _2015.01

새해란,
파스텔 색깔의 포장지에
주먹만 한 리본을 단
선물상자를 삼백예순다섯 개나 받는 것.

가득 들어있는 상자를 풀어보는 날
꺼내 쓰느라고 애쓰며 하루해를 보낼 것이고
텅 빈 상자를 만나는 날
잠자리에 들 때까지 무언가를 담기 위해
땀을 흘릴 것이다.
고통이면 어떻고 슬픔이면 어떠랴.
프리즘의 무지개보다
비 온 날의 무지개를 택할 것을.

한 사발의 찬 물에 푹 꺼져버린
국수 거품 같은 열정,
게으름의 다른 이름 건성질,
서푼짜리 고집으로 생긴 으깍,
들여다보기 싫은 꾸러미들

대통령이 광복절에 사면을 베풀 듯
지워준다.
덮어준다.

그리고
새해라는 상표가 그려진 꼬까신 신고
슴베 깊은 삶을 잣기 위해
사뿐사뿐
나아가련다.

* 으깍 : 서로 의견이 달라서 생기는 감정의 불화.
* 슴베 : 칼, 괭이, 호미 따위의 자루 속에 들어박히는 뾰족하고 긴 부분.
* 잣다 : 물레 따위로 실을 뽑다.

아들 그리고 별 _2015.02

오늘 아침 외출준비로
바지를 갈아입다가
무릎 근처에 생긴 푸른 멍을 보았다.

어제 밤별을 꼭 한 개 따고 싶어
하늘에 올라가다가
사다리에서 떨어져 생긴 것인가 보다.

정답이 없어
모두가 정답이 되어버린 수능문제처럼
지도에도 없는 길

오선지와 건반과 노랫말
붓방아질로 허위단심
밤낮 수화를 나누는 너에게도
별을 꼭 한 개 따다가
주머니에 살짝 넣어주고 싶다.
누이처럼….

오늘 밤도
밧줄사다리에 스쳐서 피가 난들 어떠랴.
너의 노래가 누군가의 가슴에
별이 될 수만 있다면….

2월,
어느새!
달력의 숫자를 성큼성큼 잘도 잡아먹는
시간이라는 무정한 녀석 뒷등에
몰래 무거운 돌이라도 달고 싶구나.

* 붓방아질 : 글을 쓸 때 미처 생각이 잘 나지 않아 붓을 대었다 떼었다 하는 짓.
* 허위단심 : 허우적거리며 무척 애를 씀.

장염 _2015.03

생굴 몇 점 먹은 것이 화근이 되어서인지
유행하는 장염이라고 진단을 내려준
동네 병원 의사가
수액을 맞고 약을 먹어도 차도가 없자
내일까지 나아지지 않으면
큰 병원에 가서 장 엑스레이를 찍어보라고 한다.

입춘의 냉갈령 바람을 맞으며
새우등처럼 웅크리고 집으로 기어오는데
여기저기 앞치마만한 묵은 밭 두둑엔
삐죽삐죽 씩씩한 봄나물 싹들….

한 평 남짓한 내 침대에서
팔 다리는 할 일을 잃고
큰 병원이라는 엄청난 의혹의 권력 아래
만약이라는 티켓을 들고
밤낮으로 내 머리는 엄청나게 바쁘다.
새끼줄 울타리조차 없는
시간과 곳을 넘나들며….

문 하나 건너에서 들려오는
거실의 텔레비전 소리와
식구들의 이야기소리가
건너갈 수 없는 아주 먼 육지로
나는 낯선 섬에 버려진 채
다만 그리운 것은
자싯물 냄새 묻은 엄마의 행주치마였음을.

새봄
꽃샘바람을 동무삼아
산으로 들로 앙감질로 뒹굴어 보리라.

* 냉갈령 : 몹시 쌀쌀맞은 태도.
* 자싯물 : 설거지 후에 생긴 물.

너희들에게 _2015.04

4월은
아픈 달
물색없이
튕겨나가듯 피어대는 꽃들이 민망스럽다.

4.19에서 5.18을 거쳐 6.29라는
겉옷일망정 민주화라는 옷을 입게 되어
더 이상
젊은이들이 아까운 일은 없을 것이라고 생각했다.

세월호에 가두어진
너희들의 세월을 외면한 채
우리들은 부질없는 세월을 보내고 있다.
인양이니 보상이니
탁구공처럼 바쁘기만 한 말들
들은 체도 안 하는
그 바다의 윤슬이 차마 슬프다.

글자가 없어서 시험이 없는
숫자가 없어서 등수도 없는
욕심이 없어서 무게중심이 필요 없는
그곳이었으면 참 좋겠다.

4월
앉은벼락으로 겪었던 지난해보다
더 가슴 아픈 올해는
배냇짓처럼 이쁜 애기 잎과도
상춘을 나누지 않으련다.
그냥
노란 리본을 매달고 싶다.

* 윤슬 : 햇빛이나 달빛에 반짝이는 잔물결.
* 상춘 : 봄을 즐김.
* 앉은벼락 : 생각지 아니하게 갑자기 당하는 큰 불행.

거지주머니 _2015.05

참 부질없다는 생각이 드는 날이 있습니다.
좀 지루하다는 생각이 드는 날도 있습니다.

어젯밤
그곳이 살짝 궁금해서
몰래 강을 건너갔습니다.
맹꽁이배만큼 가득 채운
예금통장 하나 가슴에 안고서.

러시아의 알파벳 차례가 다르듯이
그곳은 숫자의 순서가 달라서
비밀번호가 틀리다네요.
밤 새워 낑낑대며
네 자리 조합을 맞추다가
거지주머니 통장을
강물에 휙 던져버렸습니다.

성 아무개라는 사람이 세상을 등진 후
그 사람이 쳐 놓은 거미줄에
한껏 날아오르던 황금빛 잠자리들이

갖가지 숫자로 기워진
누더기를 입은 채 갇혀버렸다.
비밀번호를 몰라서
출구를 찾지 못한 왕 날것들의 비명이
거짓과 진실을 구별할 수 없는
뫼비우스의 띠에서
멈출 줄 모르는 그네질을 하고 있다.

색동저고리 같은 오월
곧추 쏟아지는 햇빛을 모아서
구석구석 찾아보리라.
강물에 던질 거지주머니들을….

* 거지주머니 : 여물지 못한 채로 달린 열매의 껍데기.
* 곧추 : 굽히거나 구부리지 아니하고 곧게.

나만의 날 _2015.06

남보다 한 발 앞세우고 싶은
할미 욕심에 떠밀려
학교도 안 들어간 짱이가
대학교 형들이 쓰는 강의실 의자에 앉아
한자 자격시험 7급에 도전했습니다.
끝날 때까지 검토하라고 심어준 밑말은 잊어버리고
두 볼이 복숭아처럼 상기된 채
일찍 밖으로 나와 내 품에 안겼습니다.
나 역시 수고했다는 말은 잊어버리고
"낱말 뜻 쓰는 문제에 무엇이 나왔어요?"
"생일"
"그래서 뭐라고 썼어요?"
"나만의 날!"
생일을 맞아 유치원에서
친구들에게 선물을 한 보따리 받은
짱이의 자신 있는 대답입니다.
"왜 나만의 날이 되었을까요?"
"……."

어린 시절의 생일은
선물을 많이 받고 싶은 나만의 날이었죠.
늦은 나이 생일엔
나이테가 늘어가면서 더 많은 새들을 품어주는 나무처럼
딱쟁이를 밀고 솟아나는
새 살마냥 이쁜 마음을 갖게 됩니다.

예순 두 번째 생일
나 또한 짱이처럼
본질은 땅띔도 못하고
현상의 암호만을 해독하면서
해미 속에 숨어있는 이어도를 찾듯
그릇된 앎 속에 갇혀있는 보리동자가 아닌지….

* 빈밭 : 나신하여 비워두는 밭.
* 해미 : 바다 위에 낀 아주 짙은 안개.
* 이어도 : 환상의 섬.
* 보리동지 : 어리석은 사람.

꽃밭에서 1 _2015.07

잠자리에 들기 전
베란다 창문을 닫다가
월훈에 싸인 반달이랑
구름 사이 별을 헤아려보는 호강
절대로 안 보여줄 것처럼
주먹을 꼭 쥔 꽃봉오리들
"내일 아침엔 보여 줄 거지?"
주전자에 하나 가득 물
흠뻑 준다.

바깥의 메르스 내 몸의 허리 디스크
간이역 벤치만한 이 꽃밭의 위무
누군가에게 얻기도 하고
꺾어서 새로 살림을 내주기도 한 회분들
혼자라서 더 달짝지근한
무엇에게도 침식당하지 않는 뒤란

꽃들은
그리운 사람을 데려다주고
후회로운 눈물을 닦아주고
고운 화석 같은 기억도 잘 뒤져내오죠.

모꼬지가 거리낄 때 놀러오세요.
나 그대에게
사람보다 어질고 깊은 꽃
듬뿍 나누어드릴게요.

꽃이 내는 울음이
생명의 처음임을 아는 날
우리도
한 송이 꽃이 될 수 있겠죠?

* 월훈 : 날무리.
* 뒤란 : 집 뒤 울타리의 안.
* 모꼬지 : 여러 사람이 모이는 일.

안녕하십니까? _2015.08

마음에 들지 않는 이곳
뒤도 안돌아보고 간 그곳은 어떻습니까?
그네의 고수련도 마다하고
우두망찰하게 만들면서
씩씩하게 홀로 떠난 그곳은 어떻습니까?

소풍 온 세상이 이렇게 아우성인데
돌아간 그 곳은
원래의 그곳은
얼마나 더 아수라장이겠습니까.

혹시
우리별보다
훨씬 아름다운 별에서 온 사람들이

지구라는 별이름조차 알지도 못하는
엄청나게 큰 별 사람들이
촌구석에서 왔다고 놀려대지는 않는지….
그런들
눈 하나 깜빡 하지 않을 당신이지만

그래도 혹여 힘이 밀리면
그 땐
이렇게 말하시구려.
머지않아
내편 사람들이 많이 몰려 올 거라고….

꼭꼭 감추었다가 당신이 버리고 간
그 외로움은
수없이 새끼를 쳐서
아무리 입어도 따뜻하지 않은 그 옷을
우리 모두 벗어버리지 못하고 있다오.

당신은
누에고치를 뚫고 나간 나방처럼
결코 바래지 않는 푸른 하늘
이정표가 필요 없는 유영을
즐겼으면 좋겠소.
풀려나는 비단실들이
아프지 않은 그리움이 될 때까지.

지금쯤
언젠가 건너올 우리들을 위해
노둣돌을 놓으며
낯설지 않은 노래와
아직 풀지 못한 수수께끼를 안주로
두레반 술상을 준비하는
당신을 생각합니다.

당신을 마중하던
나비들과 배롱나무,
넝쿨 속에 숨어있던
자하색의 칡꽃들과 함께

* 고수련 : 아픈 사람을 돌보는 일.
* 우두망찰 : 어찌할 바를 모름.

마음주머니 _2015.09

우리 동네로 아미아라는 미국인 가족이 이사 왔습니다.
그녀의 딸 노바와 짱이가 동갑인지라
금방 가까워졌습니다.
한국어에 관심을 갖는 아미아에게
한국어 수업을 시작했습니다.
유치원 선생님의 전화, 관리사무소 방송 등
열심히 도와주었습니다.
5월 스승의 날 공부하러 온 아미아는
내게 줄 선물이 있다며
오후에 놀이터에서 만나자고 했습니다.
나는 하루 종일
우리나라에는 없는 독특한 액세서리일까,
예쁜 신발일까?
작은 욕심 큰 욕심을 부려가며 설렜습니다.
화려한 블라우스를 입고 나타난
그녀의 손에는 달랑 빨간 봉투 한 장
아! 상품권을 주려나?

'여배우처럼 치장을 한 아미아
별에서 온 요정처럼 웃고 있는 노바

불교신자임을 증명하듯 인자한 표정의 로이'
단란한 그들의 가족사진이었습니다.
아주 훌륭한 선물을 건네고 뿌듯해하는 그녀와는 달리
혼자 독장수셈을 헤고 있었던 나는
무슨 말을, 어떤 표정을
대뇌와 소뇌가 서로 역할을 미루는 사이
"너희 가족의 행복함이
나의 가슴을 따뜻하게 해준다."
마음과는 다른 한 문장을 만들어냈습니다.

'대가를 바라지 않고 남을 섬김'
이라는 봉사의 사전적 의미를 담기에는
내 마음주머니가 너무 작음을.

맥문동의 다글다글한 보라색과
옥잠화의 딩동댕동 보라색이 키 재기를 끝내는
가을의 본디이름 9월
그대여
우리 함께 마음주머니를 들여다볼거나.

훌륭한 사람 _2015.10

운전면허 시험장처럼
좁고 꼬불꼬불한 식당 뒷골목길
겨우 빠져나가려는 찰나
입술 도타운 빨간색 앞치마를 두른 아주머니가
"잠깐만요"
차 문을 두드린다.
"아이쿠, 뭐를 건드렸나"
눈치를 보며 창문을 내리니
"다른 사람한테 폐되는 일 안하려고 하는디
음식쓰레기 버리다가 차에 조금 묻었구만유.
기다려유. 닦아줄텡께…."
걸레인지 행주인지 차 옆구리를 박박 닦아준다.

동네 대중목욕탕
옆자리에 앉은
허리가 반달처럼 휜 팔순의 할머니
극구 사양하는 할머니의 등을 살살 밀어주니
얼른 박카스를 한 병 사오신다.
플라스틱 큰 대야, 작은 대야, 의자
깨끗하게 씻어서 제자리에 놓고

자리를 물로 닦으신다.
똥을 치우고 가지를 떠나는 새처럼.

훌륭한 사람이란
쉽지만
하기 어려운 일을
자연처럼 하는 사람이 아닐까?

아! 어쩌나.
앵두장수처럼 도망갔던 부끄러운 일들을….

* 앵두장수 : 잘못을 저지르고 어디론지 자취를 감춘 사람을 이르는 말.

햇살잔치 _2015.11

외출에서 돌아와
현관문을 열고 들어오는데
넓은 마루 가득 햇살들의 잔치가
오구탕 벌어지고 있었죠.
베란다 앞 목련 사이로 들어온 늙은 햇살은
"여러 별을 들러서 오느라고 힘이 들었어."
산수유 빨간 열매에서 톡 튕겨 나온 싱싱한 햇살은
"나는 지구가 궁금해서 곧장 왔어요."
단풍잎 사이로 미끄럼을 타듯 내려앉은 꼬마 햇살은
"오다가 엄마를 잃어버렸는데
이젠 나 혼자 다닐 수 있어요."
철푸덕 둘러앉아서
지구는 너무 어지럽다는 둥
떠나온 고향으로 돌아가고 싶다는 둥, 싶지 않다는 둥
내일은 목성으로 떠날 것이라는 둥,
고양이 지누도 그들의 이야기에 정신이 팔려 있는 듯.
더 놀다 가라는 나의 만류에도
툭툭 자리를 털고 앞산 그늘로 돌아갈 때까지
소파에 기대어 즐긴 나른한
늦가을 오후의 정밀.

해마다 찾아오는 추위이건만
점점 더 낯설어지는 11월의 문턱을
어린 시절
우산이 없어 흠뻑 비를 맞고 돌아오면
흙바닥 정지에서
뜨거운 물에 몸을 덥히고
이불을 돌돌 말고 앉아서
엄마가 바친 주전부리감을 즐기던
보슬보슬함으로 넘어볼까.

코앞에 다가온 입동
겨울잠을 자고 싶으이.

* 오구탕 : 매우 시끄럽게 떠드는 것.
* 정밀 : 고요하고 편안함.
* 정시 : 부엌.

꽃밭에서 2 _2015.12

느즈간히 왔다가 종종걸음으로 떠나가는 몇 줌의 햇살로
꿋꿋이, 서운하지 않을 만큼 피워 낸
베고니아, 시크라멘, 제라늄….
시골집 들마루만한 베란다 이곳을 꽃밭이라 부르지.

1, 1, 2, 3, 5, 8, 13, 21, 34, 55, 89, 144…….
앞의 두 숫자를 합하면 그 다음의 숫자가 된다.
가장 작은 공간에서 가장 많은 햇볕을 받을 수 있는
꽃잎의 숫자라고 한다.
우리가 아는 꽃들의 꽃잎의 숫자,
솔방울, 해바라기의 씨앗의 나열, 잎차례의 숫자
모두 이 피나보치 수열을 따르고 있다.
그래서 그들은 남의 것을 도둑질하지 않아요.
새치기도 하지 않아요.
꽃잎과 잎사귀 모양은 황금비율에 맞춰 있다.
1: 1.618
왜 가로길이가 더 기냐고 이짐도 쓰지 않아요.
1:1이 아니어서 이뤄낸 아름다움을 알아요.

민노총, 테러…….
잉크냄새만큼 시끄러운 조간신문
올망졸망한 화분들에게 들킬까 봐
얼른 접어버린다.

열둘이나 되는 새 친구들을 데불고 오는
12월,
상고대와 함박눈을 견뎌낼
목련의 꽃눈과 함께
용서와 정리로
묵상의 이 다리를
십자수 바늘을 꽂듯 꼼꼼하게 보내야겠다.

* 이짐 : 고집이나 떼.
* 상고대 : 나무나 풀에 내려 눈처럼 된 서리.

인사쟁이 _2016.01

세모의 마지막 일요일
짱이를 앞세우고
반 백년지기 친구와 뒷산에 올랐습니다.
산소를 볼 때마다 절을 하고 싶다고 조릅니다.
처음엔 당황했지만
마치 자신의 할머니나 할아버지께 하듯
정성스레 절하는 모습에
'언놈이 내게 인사를 하누'하면서
그 양반도 웃을 것 같았습니다.
단정히 손질이 되어있는 산소,
돌본 흔적이 없는 푸서리 산소 가리지 않고
또바기 절을 두 번씩 올립니다.
그러다가 사람을 만나면 씩씩하게 인사합니다.
"안녕하세요?"
늙은 사람, 젊은 사람,
예쁘게 생긴 사람, 무섭게 생긴 사람.
꼬마의 인사가 예뻐서인지 모두들 웃으며 답해줍니다.
이번엔 강아지를 만나면
'안녕? 아이 귀여워' 하고 쓰다듬어줍니다.

큰 강아지, 작은 강아지,
무섭게 생긴 큰 개도 가리지 않습니다.
개들도 꼬리를 마구 흔들며 좋아하지요.
그토록 세 시간
산 사람, 죽은 사람, 동물을 차별하지 않는 평등과 평화
교황이 되고 싶다던 짱이의 인사 덕에
우리 동네 지족산 마냥 신이 나서
껄껄 웃는 웃음소리가 아래 마을까지 내려옵니다.

새해엔 나도 더덜없이 짱이만큼
따뜻한 털실로 짠 "안녕하세요?"목도리를
한 광주리 담아 놓고
고마운 사람, 아픈 사람, 싫은 사람
한 장씩 목에다 걸어 줄랍니다.

* 언놈 : 사내아이를 귀엽게 부르는 말.
* 푸서리 : 잡초가 무성하고 거친 땅.
* 또바기 : 한결같이.
* 더덜없이 : 더도 덜도 없이.

설날에 _2016.02

어젯밤 짱이 뒤 꼭지에 잔뜩 집을 지어놓고는
시치미 뚝 떼고
베란다 앞 소나무에 무더기로 앉아서
"짱이야 놀자, 짱이야 놀자"
그루잠 짱이를 깨우는 까치들의 수다가
설날을 재촉합니다.

시아버님께서 유명을 달리한,
친정엄마가 중풍으로 쓰러진
예순 넷이라는 숫자 앞에서
나이와 삶과 죽음의 상관관계가
출구를 못 찾는 당구공처럼
사골국물 떡국 그릇에 달그락거립니다.

무당벌레 등에 있는 까만 점과
천억 개의 은하계로 이루어진 우주가
한 몸이라는 것을 알 것 같은
내 안에선 가끔
막걸리 항아리에서처럼 뽕올뽕올 소리가 난다.
젖산균이 터줏대감처럼 곰삭은 냄새가 난다.

갈망과 갈등과 수많은 얼룩 중에
들숨과 날숨의 사이만큼 짧게나마
긴 장마 빨래말미에 보이는 조각하늘처럼
더 필요한 것도
더 버릴 것도 없는
무덤 같은 평화.
누구에게도 팔아버리고 싶지 않은
소중한 내 나이.

* 그루잠 : 깼다가 다시 자는 잠.
* 빨래말미 : 장마동안에 잠깐 갠 겨를.

유기견 보름이 _2016.03

정월대보름 하루 전 늦은 오후
어쩌다 혼자 있게 된 짧은 시간, 망중한의 즐거움
산책길에 나섰죠.
덩굴장미 울타리를 벗어나서부터일까?
요키 한 마리가 졸졸 따라와
만져주니까 가만히 있네요.
주변에 아무도 주인이 아니라는데
짧은 겨울 해 뚝뚝 떨어지는 기온
그냥 둘 수 없어 안고 경비실에 데리고 갔죠.
물부터 주고 마켓에서 스팸 한 덩이 사다 먹이고
보름에 만났다고 보름이라고 이름을 지어주었죠.
동물보호센터 구조팀 아저씨에게
그 녀석을 넘겨주고 들은 말
홈페이지에 일주일 유기견 공고,
주인이 찾아가지 않으면 이주일 입양공고,
이어 4대 질병검사에 한 가지라도 걸려 있으면
안락사를 시키고,
그렇지 않으면 일곱 살까지 살게 한다네요.
안락사라는 말에
도로 그 자리에 데려다 놓는 게 낫겠다하니

밤에 얼어 죽는다고 안 된다고 하데요.
조금 아까 열어본 홈페이지
유기견 사진이 참 많기도 하데요.

한 시간 남짓한 인연
어쩌자고 나를 따라와서
시간을 새끼 쳐서 쓰고 싶은 요즈음
내 머리에 똬리를 틀고 있는 그 녀석의 눈동자.
예쁜 옷까지 얻어 입었던 보름이는
왜 떨꺼둥이가 되었을까?

새봄엔
지구를 따라다니는 달처럼
달을 데리고 다니는 지구처럼
늘 변하지 않는 관계를 꿈꾸고 싶다.

* 요키 : 요크셔테리어 잡종.
* 떨꺼둥이 : 의지하고 살 던 곳에서 쫓겨남.

상춘의 계절에 _2016.04

수요일 아침 6시에서 10시
우리 아파트 재활용 분리배출 시간입니다.
어느덧 은퇴한 남자들의 의무가 되었다는 일
부스스한 반백의 머리, 츄리닝 차림의 아저씨가
한 아름 들고 온 도자기 그릇들
종이, 플라스틱, 캔, 유리병, 스티로폼
어느 곳에도 낄 데가 없는데
"사장님, 그것들은 종량제봉투에 버리셔야 합니다."

외국계 어느 은행에 근무했었다던가?
경로당에도 도서관에도, 공원에도 어울리지 않은
아직은 쓸 만한 나이
재활용이 되지 않는
반짝반짝 빛이 나는 백자그릇들을
다시 안고 돌아서는
그는
재활용이 되지 않는
명예퇴직자.

잎샘바람에 웅크리고 걸어가는 아저씨의 등 뒤로
몇 번씩 재활용을 하고 있는
나이 든 청소부 아주머니의 비질이 서글프다.

버선 코 닮은 목련 꽃봉오리들이
새물새물 웃고 있다.
깍두기 아저씨들 머리 같은 네모난 울타리
노란 개나리 황금 종소리도 시끄럽다.
눈만 흘겨도
튀밥처럼 터질 것 같은 벚꽃도
가지마다 더넘스런 봉오리 그득하다.
"너희들은 참 좋겠다. 재활용걱정이 없잖아
내년에도 필 테니까."

* 상춘 : 봄을 즐김.
* 새물새물 : 사수 웃는 모양.
* 더넘스럽다 : 버겁다.

운동장에서 _2016.05

나는 매일 아침 학교에 간다.
필통과 알림장이 들어있는 책가방을 들고서
실내화를 신겨 교실로 들여보내면
초등학교 일학년 손자 풀솜할머니의 아침시중은 끝난다.
음표로 표현할 수 없이 경쾌한 아이들의 재잘거림에
춤을 추듯 벌떡이는 운동장이
나이 많은 운동장을 불러온다.

그분은
종합종례 때 구령을 부르라고
덩치만 컸지 이름만 불러도 얼굴이 빨개지는 나를
일요일마다 불러서 연습을 시키셨다.
내가 갈망할 수 없는 일을 가능하게 만들어
학생들 앞에 세우셨다.

첫 번째 체육 실기시험은 뜀틀.
무릎과 허벅지에 피멍이 들면서
성공을 했을 때 굴진 마음을 어찌 잊으랴.

졸업식, 입학식, 체육대회, 합동미사, 중간체조 등
항상 그 가운데 계시던 체육선생님…,
그 분이 가셨다. 아주 멀리.

그러나 나는 그 분에게
어떤 묘비도 허락하지 않으리.
누군가가 죽는다는 것은
사람들의 기억에 그가 사라진다는 것이다.
불끈 쥔 두 주먹과
스프링처럼 열정을 뿜어내던
그 분의 목소리
미세먼지도 앉지 않는 연록의 나무처럼 선명하다.

늦었지만 사랑한다는 말을 아끼지 않으련다.

* 풀솜할머니 : 외할머니
* 갈망하다 : 감당하다.
* 굴지다 : 만족스럽다.

신발코너 앞에서 _2014.06

어느 비 온 다음날
선화동 우리 집 앞 진흙길을
괴발디딤으로 걷다가
신발 앞 배꽃처럼 하얀 두 줄이
얼룩져 버려
애먼 엄마한테 생떼를 쓰다가
참기름에 비벼온 밥도 안 먹고
잠이 들었던 그 눈물을

첫 월급을 타서 맞춰 신었던
분홍신 제화점의 가죽구두도
결혼하던 날
초록저고리 다홍치마에 신었던
예쁜 꽃신도
여태
닦아주지 못했다.

산더미처럼 쌓여 있는
대형매장의 신발코너 앞에서
국민학교 일학년 생일선물

맹꽁이운동화에서 나던
화학스런 새물내를 뒤져 본다.

끝도 보이지 않는
상품의 진열 구석구석
잘리어 나간
행복의 맛 봉오리 세포들 찾아
엄섬히 서 있다.

* 괴발디딤 : 고양이가 발을 디디듯이 가만히 조심스럽게 발을 디디는 짓.
* 애먼 : 일의 결과가 다른 데로 돌아가 엉뚱하게 느껴지는.

비 오는 날엔 _2016.07

'떡갈나무 숲 속에 졸졸졸 흐르는 샘물이길래
아무도 모르라고 도로 덮고 내려오지요.'
파인 김동환님의 시 가곡처럼
내게도 혼자만 살짝 꺼내보는 아끼는 말이 있습니다.

산스크리트어 '바르시카',
번역하면 우기(雨期)라는 말입니다.
지금은 스님들의 안거나
천주교 신자들의 피정이라는 말의 근원이 되겠죠.
비가 와서 사냥을 하지 못할 때
자신을 돌아보는 생각의 시간을 갖게 됨으로써
자의식이 성장하는 힘든 시기라고 합니다.

손가락만 스치면 금세 금세 바뀌는
스마트폰의 화면처럼 허둥대며
또 반년이 지났습니다.

화학원소의 결합모양으로 누군가와 붙어서…
길미가 되기도, 안 되기도 하는 갖가지 모임,
혼자서도 잘 떠들어주는 친구 텔레비전.

싱크대에 쌓여있는 뒤죽박죽 설거지거리마냥
체계를 잃어버린 생각의 고삐들
길거리 사람들을 위해 새 옷을 갈아입는
쇼윈도우 꼭두사람과 다르지 않은.

장마전선 운운하는 일기예보가 반갑습니다.
비 오는 날엔
사냥을 쉬고 동굴에 앉아서
골똘한 생각에 잠겼던 그 옛날의 사람들처럼
우리도 작은 동굴 하나씩 찾아서
반가부좌를 틀고 앉아
힘들고 힘든
바르시카의 시간을 가져 보면 어떨지요.

* 길미 : 물질적으로나 정신적으로 보탬이 되는 것
* 꼭두사람 : 주로 옷을 파는 곳에서 쓰는 사람 모형

매미야 매미야 _2016.08

사람의 체온을 넘어선 수은주
더 더운 건
도시를 불사르는 매미의 울음소리

매미의 집이 되는 가로수와 공원의 나무는 많고,
애벌레, 어른매미를 잡아먹는
두더지나 박쥐는 줄어들었죠.
밤새 꺼지지 않는 불빛
도시는 매미의 숫자를 늘릴 수밖에요.

나무뿌리를 찾아 쉬지 않고 헤매는 애벌레는
'7년 동안의 잠'이라는 말이 자못 억울하다.
밝은 세상으로 올라와 날개를 말리고
해동갑을 넘어서 부르는 수컷의 사랑노래를
시끄럽다고 구박하는 것도 섭섭하다.

참매미는 맴맴 맴맴, 말매미는 차르르 차르르
쓰름매미는 쓰름 쓰름, 민민매미는 민민 민민
목다심을 위해 잠시 고자누룩해진 순간
보름 남짓, 생의 저 너머로

빠져 들어가는 구애의 자맥질.

초등학교에 이어 폐교되는 중학교 교실
종족번식이라는 숙제를 거부한 우리 인간은
자연의 바닥 첫째 자리임을….

사마귀가 먹고 있는
아직 따뜻할 것 같은 이 매미
“이 녀석은 짝짓기를 하고 죽었을까?”
입추를 앞에 두고
너희들의 노래를 실컷 들어볼란다.

* 목다심 : 거친 목을 고름.
* 해동갑 : 어떤 일을 해 질 무렵까지 계속함.
* 고자누룩하다 : 한참 떠들썩하다가 조용하다
* 바닥첫째 : 꼴찌.

식장산에서 _2016.09

엊그제 내린 비 때문에
정상에 이르도록
골짜기 시냇물은
수학여행 버스를 기다리며
운동장에 모여 있는 계집아이들처럼
재잘거리며 쫓아온다.

사그락 사그락
갑사 치맛자락에서 애기바람
구월의 실마리가
꼬마단풍나무 가득한 비탈길에서 기다리고 있다.

일제시대에 만들어졌다는,
결코 마르는 일이 없다는 저수지 산 기스락
또 하나의 산봉우리와 하늘, 구름이
오히려 아름답다.
이발소에 걸린 그림처럼
몽롱한 윤곽이 이데아인가?
물아래 그림이 그림자라면
물 위의 산봉우리는 무엇의 그림자일까?

나는 어떤 동굴에 갇혀 있을까.

산봉우리는 어지럽지 않은가보다.
독수리봉에서 김밥을 먹고 내려올 때까지
씩씩하게 서 있다.
거꾸로

산에 온다는 것은
쓸데없는 생각을
마음껏 해도 된다는 것.

* 기스락 : 비탈진 곳의 가장자리.

우리는 _2016.10

열여섯 계집아이들이 발을 구르며 뿌리고 간 웃음다발이

젊은 남녀가 뽀뽀를 나눈 달콤한 사랑이

할 말 많은 부부가 한 바탕 싸운 찡그린 조각들이

남편 먼저 보낸 하얀 머리 할머니가 흘린 한숨이

아름드리 느티나무 아래에서
돌쟁이 아기 엉덩이 속살처럼 이쁜 햇살과
실타래에 비단 바람을 담고
누군가를 기다리는

벤치가 되었으면 좋겠다.
나는 그에게,
그는 너에게,
너는 나에게
둘이면, 셋이면 아니 넷이면 더욱 좋은
가득 앉아서

새털구름 수련한 하늘을 바라보며
밑불 없는 질옹배기처럼
아름차지 못한
서로서로
토닥토닥

그런 벤치가 되었으면 좋겠다.

* 수련하다 : 맑고 순수하다.
* 밑불 : 불씨가 되는 불.
* 아름차다 : 자부심을 가질 만큼 만족스럽다.

날 좀 봐요 _2016.11

베란다 페어글라스를 거쳐서 오는 햇빛을
한 줌 한 줌 받아서
오막조막 제라늄 꽃대궁들이
황금분할 선을 그리며
아리잠직한 봉오리들을 그림처럼 들고 있다.

욕심 많은 나는 화분을 거실 쪽으로 돌려놓았다.
금방 터질 것 같던 봉오리들은
모가지를 돌리느라 땀을 흘리다가
시들시들 눈썹춤을 추는 듯
얼른 네 님 찾아가라고 다시 돌려놓아 주었다.
물도 주고 비료도 주고 아침마다 인사도 해 주고
지금쯤 내 목소리 알아들을 법 하건만
해바라기만 하는 녀석들은
뒤통수만 보여준다.

엄마가 기다리는 곳
비행기를 열세 시간이나 타고 가야하는 미국
아빠 곁에 붙어서
뒤도 안 돌아보고 출국장으로 들어가는 짱이

빕더서서 떠나는 연인처럼…
내게는
학교에서 배우던 교과서, 크레파스, 장난감, 작아진 옷과
내 손안에 쏙 들어오던 작은 손 온기만 남기고

그래 그런 거야.
가슴에 이는 바람이 꽃이 되는 11월
나의 짝사랑은 계속되리니.

* 아리잠직하다 : 모습이 얌전하며 어린 티가 있다.
* 눈썹춤 : 마음에 들지 않아 눈가를 움직임.
* 빕더서다 : 약속을 어기고 돌아서다.

언니 생일에 _2016.12

12월 달력에 언니 생일이 표시되어있기로
며칠 동안 언니생각이 툭툭 지나갑니다.
아주 많은 교집합으로 내 삶을 차지하고 있는
나보다 아홉 살이 많고
나보다 키는 좀 작은
엄마 같은 언니가 있습니다.

3차색 쑥색의 헝겊 표지의 노트로
언니의 추억은 시작됩니다.
김소월, 김영랑, 박목월 등의 시들을 가득 적어놓고
틈만 나면 낭송을 하며 외었습니다.
'산산이 부서진 이름이여….'
훗날 이 시를 아이들에게 가르칠 때
몰래 그 시절을 반추하곤 했죠.
'보슬비 오는 거리에….'
노래방에 가면 꼭 한 번 부르는
언니의 노래입니다.

나를 많이 업어주었건만 치사랑은 없는 지라
동생이라는 떠세로

툭하면 지다위, 트집바탈을 부렸지요.
먼지떨음은커녕 큰소리 한번 없었죠.
그래서 나의 어리광은 아직도 익을 줄을 모르네요.

착하고 부지런한 언니가 만났던 가파른 고갯길
한 번쯤 바위에 걸터앉을 법도 했지만
다리쉬임을 허락하지 않은
언니가 피워낸 것은
100년에 한 번 피는 소나무꽃
물이 모자라고 햇빛이 없어도
언젠가는 피는 꽃.

소나무 향기보다 더 소중한
등 뒤에서 맡았던 언니의 냄새를
곰곰 뒤져 볼랍니다.

* 떠세 : 힘을 내세워 억지를 씀.
* 지다위 : 남에게 등을 대고 의지하거나 떼를 쓰다.
* 먼지떨음 : 아프지 않을 정도로 때림.

식물대통령 _2017.01

오늘 아침 산책을 하는데
"얘 소나무야.
요즘 사람들 너무 시끄러워서 못 살겠어."
근처 과수원을 지키는
덩치가 조금 있는 누렁이 한 마리가
소나무기둥에 살짝 영역표시를 하고는 말을 거네요.
"그래 맞아.
여기 지나가는 사람들은 다 똑같은 얘기를 한다니까.
대통령, 탄핵, 최순실, 어쩌고 저쩌고…."
소나무가 짜증 묻은 소리로 투덜대네요.
"그런데 나는 말이야.
사람들이 나 좀 안 써먹었으면 좋겠어.
나는 배신하지도 않고,
거짓말도 하지 않는데
왜 툭하면 개새끼, 개살구, 개판 하면서
내 이름을 팔아먹는지 모르겠어."
"그래 맞아.
참 이상도 하지.
사람들은 나만큼 사랑할 줄도 모르고
부지런하지도 않으면서

왜 내 이름을 그렇게 써먹는지 몰라.
제발 식물인간, 식물대통령이라는 말 좀
안했으면 좋겠어."

끌끌하리라 믿었던 사람들이 적바림 앞에서
구멍수만 찾고 있는 모습
소금이 쉬는 것과 무엇이 다를까?
그들이 나누는 뒷담화를
새해 화두로 삼아볼거나.

* 끌끌하다 : 마음이 맑고 바르고 깨끗하다.
* 적바림 : 글로 간단히 적어 둠.
* 구멍수 : 난관을 뚫고 나갈 수단.
* 소금이 쉰다 : 믿었던 일이 틀어졌을 때 쓰는 속담.

불면의 밤에 _2017.02

영국과 한국 4강경기의 승부차기
교대로 성공시키며 박수를 받았지.
다섯 번째 얼굴이 까만 영국 선수
방향 단추를 잠그지 못한 채

전반과 후반 연장전의 모든 마침표가
그의 축구화에서 얽혀버려
동료인지 코치인지 위로의 손길도 뿌리치고
자책감과 울분의 낯은
굶주린 카메라의 밥

그날 밤
축제의 제물이 된 스터러지 선수
몇 만 명의 관중이 벌이는
모함의 함성
죄 없이 낙인이 찍힌
합법적 따돌림

9시간 늦게 잠드는
지구 저쪽의 그는
지금쯤 신을 용서하였을까.

몇 해 전 올림픽경기
공연한 핑계가 되어
오늘밤
내 베개 옆에서
풀풀 날리고 있다.
살짝 찾아오려는
잠티를.

세차장에서 _2017.03

다방골잠으로 늑장부린 추위도 끝
봄맞이 세차를 하리라.

'세차기가 움직이는 거야.'
아무리 눈을 부릅뜨고 보아도
내 차가 움직이는 것으로 보인다.
초등학교 2학년
김천 큰집 가는 기차
철로 옆 나무가 달음질치는 그 착시(錯視).

작년 여름 김치냉장고를 정리하고
시린 손을 닦기 위해 냉수가랑을 틀었을 때
온수가 나오는 듯한 그 착촉(錯觸).

나의 그릇된 감각으로 판단된
오류들을 믿고
목곧이를 해댄 일이 얼마나 많을지
자인할 수밖에 없는 왜곡
조금 드레진 사람이 될 수 있을까.

미디어가 들려주고 보여주는 것을 밑천으로
한 친구는 태극기를 든다고 하고
한 친구는 촛불을 든다하니

어디선가 나는 물소리
윗집인가? 옆집인가?
아, 앞산 생강나무
물 긷는 구령소리인 것을.

* 다방골잠 : 늦잠을 비유적으로 이르는 말.
* 가랑 : 수도꼭지.
* 목곧이 : 억지가 세서 남에게 굽히지 않음.
* 드레진 : 가볍지 않고 무게가 있다.

목련 _2017.04

한 녀석이 깨어났다.
겨우내
바깥세상 내다보려고 주니를 내던
호기심 한 마리

또 한 녀석이 깨어났다.
솜털껍질을 스치던
찬바람 몰래 엮었던
기다림 한 마리

72학번 친구들과
사연 많고 익숙한 남쪽나라로
여행을 다녀오는 동안

창 너머로 입김을 불어주던
마음을 알아서일까?
그 녀석들은
매무새를 흐트러뜨리지 않고
사진처럼 기다리고 있다.

이제 가렴
백색의 우아한 꽃잎을 팔아
북녘바다 꽃성으로
씨방에 싸매놓았던 꿈 안고서.

내가 너를 사랑하는 이유
너와 나의 공통분모
내게도 아직 숨 쉬고 있는
꿈이 있다는 것

* 주니 : 몹시 지루함을 느끼는 싫증.

시작(詩作) _2017.05

바다 건너 먼 여행을 간다고 하니
눈매 고운 어떤 사람이
비행기에서 읽으라고 시집을 선물했다.

가방도 싸기 전에
한 편 한 편 다섯 편을 읽고
얼른 닫아버렸다.
봉지의 과자를 아껴먹다가
오빠들 모르는 서랍에 감추듯이.

외출에서 돌아와서 다섯 편
밤에 잠이 안 와서 다섯 편
에라 모르겠다.
감추고 두기에는 견딜 수 없는
과자의 고소함.

훔치고 싶은
절묘한 비유와 치수 정확한 언어
나이 많이 먹은 못된 버릇
비교가 쌓은 높은 담벼락

시샘이 업어 온
혼란이 잠시 슬프다.

허들 경기에서 넘어진 중국의 한 선수가 있었지.
벤치로 돌아가던 그는 앙감질로 완주했다.
꼴찌가 되든
의미도 없는 기록을 남기든

오늘 밤
첫사랑처럼
소중한 내 글을 다듬작거린다.

* 앙감질 : 한 발은 들고 한 발로만 뛰는 짓.

소원 _2017.06

미세먼지란 놈
오월의 이름에 먹칠하고
아카시아 꽃향기도 맥을 못 추더니

아침에
베란다 난간 대롱대롱 매달린 물방울들
"밤비가 왔대요."
서로 먼저 말하려고 입을 오므리고 있다.

하늘이 맑다.
파랑색 크레파스 몽땅 훔쳐 갔다나.
계룡산에 오르면
궁금한 북한도 보이고
짱이가 살고 있는 워싱톤도 보일 것 같다.

조금만 더
백두산쯤
하느님이 보일지도

하느님을 만나면
바쁘다고 핑계대고 돌아서기 전에
무릎을 꿇고
얼른 내밀어야겠다.
딱 한 가지.

그래도 모른 척하면
떼굴떼굴
떼를 써 볼 작정이다.

2부

오랜 시간을 함께 한 누군가
입으로만 치르기에는 아쉬운
나머지가 있다

그 나머지가
끝나지 않는 무수한소수일 때
표현할 수 있는 단 한가지
글이라는 도구로
편지를 쓴다

내가 보낸 많은 편지들
지금도 전송중이다

결혼기념일에

어부동 모래사장으로 시작되는 당신의 사랑이야기
바위고개로 시작되는 나의 사랑이야기
이제 그 사랑은
새것에서만 나는 냄새도
새것에서만 나는 반짝임도 없어진 채

서랍 한 켠을 묵묵히 지키고 있는
오래 된 지갑처럼
부피 많아지는
시간의 잎새들을 차곡차곡 모아가고 있다오.

인디언 말로
친구란 슬픔을 함께하는 사람이라 하더이다.
이제 당신과 나
슬픔을 함께 할 수 있는
40년 전의 사랑을 우정으로 바꾸어 부르게 된다면
그것은
진화라고 할까.
퇴화라고 할까.

골짜기에서 시작한 두 시냇물이
어느 날 합해져 천을 이루고
모래톱을 만나서 잠시 갈라지기도 하듯이
우리는 친하기도, 싸우기도, 그리워하기도 하면서
머지않아 초저녁 별 가득할
노해가 기다리는
강 하구에 이르렀구려.

하지만
바다에 다 가서
다시 갈라지는 강물이 없듯이
우리의 강은 더 깊고 넓게
소리 없이 흘러갈 것이오.

누구나에게
되감기가 허락되지 않는 인생의 초행길
우리 앞에 놓인 길들이
때로는 남들은 가지 않는
높은 꼭대기길이기도 하고
때로는 남들보다 훨씬 빠른

지름길이기도 하지만
함께 짚고
함께 가고 있는
그 한 사람이 있다는 것이
초행길을 덜 낯설게 한 것은 아닌지
덜 두려워하게 한 것은 아닌지….

잃으면 안 되는 것들을 꼭 잡고
소용돌이 속의 가마소를 지나듯
결코 소풍이라고 할 수 없는
우리의 삶
칠부능선 즈음에

다만 한 가지
밖에서 겨울을 지낸 알뿌리 식물이
봄날 피워낸
꽃잎의 안간힘처럼
서리를 맞으며 피워낸 구절초

시린 향기의 모질음처럼
죽는 날까지
온실 속으로는
결코 한 발도 집어넣지 않기를….

* 노해 : 바닷가에 펼쳐진 벌판.
* 모래톱 : 모래사장.
* 가마소 : 소용돌이의 핵.

그리운 수녀님

한 겨울 흙 속에서 꿈꾸던 꽃잎을 떨구고
한 여름 키워 낸 둥근 열매를
다시 흙 속에 묻듯이
당신은 자연처럼 그렇게 떠나셨습니다.

그러나 초하루 달님이 보이지 않는다고 해서
달님이 없어진 것이 아니듯이
당신은 언제나 그 자리에 계십니다.

안누치아따 수녀님
당신의 이름을 부르면
연달아 아주 많은 단어들이 다투어 떠오릅니다.
아무도 따라 올 수 없는 당신의 그 공정함은
수많은 사람들의 가슴에
눈금 정확한 잣대로 심어져 있습니다.
당신이 믿어주고 씨 뿌린 무감독 고사 제도는
날카로운 금속성으로
세상을 지키는 양심이 되었습니다.

1966년 겨울쯤이었을까?
수세식 화장실이라는 말도
수녀님이란 말도 모두 처음이었던
경제개발 5개년 시절 당신을 만났습니다.
복도 끝 당신의 모습이 보이면
당신의 눈에 띄지 않게 몸을 감추어 버리던
중학교 시절
당신은 어느 장군보다도 무서웠죠.
이제
서른 두 살의 어린 나이에 스스로 교장의 위엄을
우려내어야 했던 당신의 안간힘을
짐작의 눈이 생김으로
진정 당신을 사랑합니다.

아이도 어른도 아닌 시절에 시작된 인연이
어른이 되고
중년이 되고
당신도 저도 모두 할머니가 되어서
무릎을 맞대고 나누던
황금과도 바꿀 수 없는 그 시절

꽃잎 같은 기억들….
그 반추의 시간 속에서
당신은 비로소 환하게 웃으셨습니다.

올림픽을 치르고
다른 나라 사람들이 우리나라의 이름을
개발도상국 대열에서 치워 줄 무렵
당신은 또 당신이 끌어야 할
새 수레를 찾아 나섰습니다.
재 넘어 마실 가듯 비행기를 타고서
지천명에 운전을 배우고
이순에 컴퓨터를 배워서
당신을 필요로 하기도 전에
당신은 스스로 그네들의 마중물이 되었습니다.
생명만큼 소중한 그네들의 단물을 위해서….

정의와 진리와 사랑을 위해 몸 바칠 여성
곧 당신에게 받은 사랑
나누는 것으로
당신을 향한 그리움을 삭이렵니다.

이제 당신을 보내며 처음으로
어머니라고 불러봅니다.
어머니….
자랑스러운 수많은 당신의 딸들이
당신의 평안을 위해
갓난아이의 마음으로 간절히 기도를 올립니다.

성모,
눈을 감고 회상하는,
가슴에서 하는 말을 듣게 되는 말
1965년 겨울
공사가 마무리되지 않은
교실에서 입학시험을 치르기 위해 올랐던 언덕길
한 때는 중학교 1학년 식목일에 심은
개나리가 가득했던 언덕길
헉헉거리며 아침마다 숨차게 올랐던
그 길을 오른다.
우리끼리만 하나도 변하지 않은
아줌마가 되고 할머니가 되어

OB성모를 위하여

누군들 그립지 않으랴.
누군들 돌아가고 싶지 않으랴.
나만의 반과 번호가 있고
성과 이름을 함께 불러주던 그 시절
세상은 우리가 정리해 놓은 책상처럼
가지런하리라 믿었던
열아홉 시절로….

그런데
실천하기에 너무나 많은 유혹이 있었던
무감독 시험과
청소에서 시작하여 청소로 끝나는
정결한 교실을 가졌던
우리들은 다르지.
우리들의 소녀시절은
그냥 반추의 시간이 아니라
새기고 새겨지는
애너린 그리움일래.

정의와 진리와 사랑을 위하여 몸 바칠 여성으로
저마다의 향기와 색깔을 지닌
풀이 되기도 하고
나무가 되기도 하면서
세상이라는 숲을 씩씩하게 지켰지.

그대는 아는가.
아무에게도 보여 줄 수 없고
누구와도 나누어지지 않는
우리끼리의 비밀한 속삭임을

그대는 아는가.
대흥동 520번지에 가면
우리는 다시 꿈과 희망을 얻어내는
애기꽃이 되는 것을.

그곳엔 그대를 그리워하는
친구와 스승이 있다는 것을
까치발로 딛고서
한 번쯤 찾아오기를 기다리는
아우들이 있다는 것을

앞치마를 접고
사진첩을 꺼내고
그물 짜기에 나도 한 코
너도 한 코 걸어보자.
위로 아래로 열아홉 시절보다
더 신나고 재미난
또 하나의 성모여고를 위하여
모교 운동장이 모자라도록.

비상하는 그대들을 위하여

새벽이슬을 털고
아침 햇살을 맞으러 나온 나비들
빈계산 비탈길 가득한 아카시아 향기를 묻혀
초하의 달콤한 바람을 타고
이 아름답고 흥겨운 잔치를
창밖에서 엿보고 있나봅니다.
저 손님들을 위해
토끼풀 꽃방석이라도 하나 준비할까요?

넘실거리는 보리를 베고
가을에 거둘 벼는 모내기를 해야 하는 망종
산도 들도 모두 부지런한 이때에
우리들 두 손을 꼭 잡고 세상을 향해 비상하려 합니다.
무지개빛 향기가 나는 꽃밭을 지나
때로 몰아치는 소낙비에 젖은 날개가 힘들어도
물 한 모금 없는 열사의 하늘 목마름 속에서도
결코 오늘 잡은 이 손은 놓지 않을 것입니다.

이제 사랑이라는 나무에 가연을 맺어
작은 둥지를 마련한 우리가

불혹의 다리를 건너
지천명의 고개를 넘어
이순의 산등성이에서
잠시도 쉬지 않는
하루살이의 부지런한 날갯짓 앞에서
부끄럽지 않기 위해

아버님이 물려주신 균형이라는 저울과
어머님이 물려주신 조화라는 여유로
곱고 튼튼한 날개옷 지어 입고서
저 푸른 별을 향해 힘차게 날아가렵니다.
오늘도 내일도
훨훨 훨훨 훨훨!

그대는 사랑이어라

톡 치면 쓰러질 듯
휘적휘적 찾아와서
묶어놓는 신발 벗고, 양말도 벗고,
등에 지고 있던 등짐도 벗고
도심지에 나갈 때 쓰던 가면도 벗고
엄마가 만져주는 약손을 기다리며
누워버리는 어리광 아기처럼
여기 저기 참 아픈 데도 많지.
어디가 막혔을까 어디가 뭉쳤을까
살아나라, 살아나라, 온 세포를 깨워내는
그대의 손바닥 주문을 나는 알지.
그대의 이마에, 등줄기에 흐르는 땀방울을 나는 알지.

그대는
휘황한 꽃잎도,
현란한 향기도 생략한 채
여물어야 하는 아픔을 안은
무화과 꽃 보살이리니
이름도 기억하지 못한 채 지나가는
지친 사람들의 가슴에

그대의 손에 박힌 옹이마다
반지꽃이 피리니
미안하다고 할까, 고맙다고 할까
하고 싶은 말
그대는 사랑이어라.

짱이 친구 짱이 할머니

—짱이를 돌봐주신 분

나는 짱이 친구
짱이가 보는 토마스도 함께 보고
짱이가 좋아하는 달님도 좋아하는
나는 짱이처럼 생각하고
짱이처럼 말하는 애기할머니.
가식해서 말할 줄 모르고
계산해서 말할 줄 몰라도
짱이와 사랑은 걱정이 없지.

자정 많은 나에게
딸자식 하나밖에 안 주신 뜻
곰곰이 생각하니
인연 닿은 아이들에게
그 사랑 고루고루 나누라는 것이었을까?

아직 이도 안 난 짱이와
눈 맞추고 맺은 인연
강아지 엄마 품 파고들 듯
그래,
햇볕도 가려주고

바람도 막아주는 울타리인 양
엄마 대신 주는 사랑
자꾸자꾸 만들어서 쏟을 수만 있다면
행여나 서운할까.
행여나 모자랄까.

업는 것도 싫다는 짱이
까만 눈동자 쳐다보며
가로로 안아 올려 이리저리 왔다갔다
팔다리가 저려와도
누가 시킨다고 이리할까.

짱이를 보내고
마음에 그리움이 애너리게 고여서
귓전에 날아온 목소리가
하나 가득 뭉쳐도
어른에겐 필요 없는
나의 애기 사랑 끝은 어디일까?

짱이가 좋아하는 냄새 가득 남은

나는 짱이 할머니
짱이 장가가는 날
호호할머니가 되어서
한 번 업어주고 가라고
빚 갚고 가라고
떼쓰면 우리 짱이 어찌할까?

아무려나 건강하게 자라서
힘껏 들어 올려 업어주면
나는 세상에서 가장 행복한
꽃각시가 될 거야.

오래도록
해바라기처럼 쑥쑥 자라는
밤하늘에 별처럼 영리하게 자라나는
짱이 모습
바람에 실려 오는 소식 들을 수만 있다면
하루하루
보송보송한
재미있는 날들이 될 거야.

해님 한의원

연산벌 사포리
해님보다 더 따뜻한 해님이 있습니다.
구름 땜에, 눈 비 땜에
해님이 심드렁한 날에도
빨간 지붕에
식지 않는
해님이 하나 있습니다.

아무리 뿌리를 길게 내려 힘을 주어도
둥둥 떠 있는 부레옥잠처럼
별 밭에 있어도 빛나지 못하는 까막별들이
해님에게 빛 동냥하러
하나 둘씩 찾아오는 곳이 있습니다.

점심시간에 운동장 한 구석에서
종소리가 날 때까지
손등이 터지도록 땅 따먹기를 하던
어린 시절이 있었습니다.
한 개라도 더 따려고 안간힘을 쓰던
구슬, 딱지도 있습니다.

검버섯이 자리 잡고
자분치가 하얗게 쉬어가는
어제도 오늘도 내일도
애면글면 매달리다가
원족가고 싶은 곳,

그곳엔 사람만을 사랑하는
딱지도 구슬도 없이
마음만 좋아하는 어설픈 남자가 있습니다.
옥수수 빵에 난 성글성글 구멍처럼
마음에 휑한 바람이 시린 사람들에게
햇빛 퍼 담아주려 기다리는
마음이 아파서 행복한 사람이 있습니다.

아무 티켓도 필요 없는
재미난 놀이 한 바탕 해 보고 싶을 때
그대여
손전화랑 지갑은 그곳에 놓아두고
바람자국 만지며 마실오세요.

하늘의 해님이 적색거성이 되어 사라져도
빛을 잃지 않을 우리들의 해님이
또 하나의 지구를 거느릴 수 있을 때까지….
우리들의 모자란 마음에서
잘라낸 조각들이
벌과 나비들이 찾아 올
커다란 조각꽃이 될 때까지….

* 까막별 : 빛을 내지 않는 별.
* 자분치 : 귀 앞에 난 잔 머리카락.
* 애면글면 : 몹시 힘에 겨운 일을 이루려고 애를 쓰는 모양.
* 적색거성 : 별의 일생에 있어서의 노년기.

고마워요

– 집안일을 도와주신 분

쓸고 닦고 빨고
거실과 안방과 부엌이
수집 책자에 끼워있는 우표처럼
나란히 정돈되어 갔지.

시내버스가 데려다 준 일터
어제의 피로가 떠나지 않은 몸
마음속이 달무리처럼 뿌연 흙탕물이 되었다가
한 시간 두 시간 손을 놀리고
어느새 마음엔
푸른 잔디밭 자잔한 꽃들
은행통장도 고급자동차도 헤살부리지 못하는
참선의 시간들….

그대 덕분에
누구는 학생을 가르치고
누구는 건강을 회복하고
누구는 아이를 키울 수 있었으니

인연을 맺은 모든 이들에게
그대는 맛있는 술 속의 누룩이었지.

남들 좋아하는 것 쳐다도 안보고
남들 좋아하는 것 듣지도 아니하고
부처님 뜻만 궁금하니

훗날
그대 가슴에 피어난 등불이
자기밖에 모르는
어리석은 사람들의 길라잡이가 될 때
당신이 오른 수많은 돌계단
그건 깨달음으로 가는 지름길이었네.

작은 아들 종길이

내 나이 쉰여섯에 얻은 열여섯 살짜리 아들
짙은 눈썹과 야무진 입술
약속도 잘 지키고,
거짓말도 하지 않는 착한 아들
내 마음에 문서로 올린 작은 아들

공부하러 찾아 온 학생에게
내가 한 일은 공부로부터
너를 지키는 일이었다.
너도 나도 매달리는 성적표,
그 줄 세우기 땜에
공부 아닌 다른 재주를 가진
너의 황금시절이
얼룩지지 않을까,
이지러지지 않을까.

세상이라는 밭을 가는 도구로
우리가 집어든 것은
별로 날이 서지도 않은
뭉툭한 호미 한 자루였다.

천천히 꾸준히
호미 한 자루로도
훌륭하게 밭을 갈아낼
너를 기다리는 즐거움으로
오늘도
너에게
편지를 쓴다.

내가 바라는 세상 속의 종길이는
나보다 외로운 사람에게
자장에 이끌리듯 다가가는 사람
우러러 보는 사람이 아니라
옆에 함께 있는
그런 사람이었으면 좋겠네.

너는 기억하리.
늦게 피는 꽃도 있다는 것
둥글지 않은 모양의 꽃도 있다는 것을
알고 있었던 나를.

나는 기억하리.
바람 많이 부는 날
놀이터 그네에 앉아서
보고 싶다고 전화를 걸어주는
너를.

오래 기르던 거북이를
바다에 방생하듯이
두려움 없이
나는 너를
자랑스럽게 세상에 내보낸다.

3부

누구는 나에게
"선희야"
"여사님"
"선생님"
"사모님"
"여진엄마"
라고 부른다.

짱이 할머니라는 새 이름을 얻고

빈틈없이 보이려고 애쓰지 않았다
여기 저기 구멍이 숭숭난
어설퍼서 편안한
시절로 돌아가게 되었다

그래서 나는 다시 글을 쓰게 되었다.

어서 오렴 짱이야

네가 우리를 바라보고 있듯이
우리도 너를 바라보고 있는 것을 알고 있니?
네가 우리의 소리를 듣듯이
우리도 너의 소리를 듣고 있다.

네가 오고 있는 길
때로는 가시덤불을 지나야 하고
출렁거리는 냇물의 징검다리도 건너야 하지.
점 하나의 시작이
빅뱅처럼 폭발하는 세포분열
너는 쉬지 않는 부지런쟁이가 될 거야.

네가 먼 길을 타박타박 오고 있는 동안
우리도 너를 맞이하기 위해
먼지도 털고 얼룩도 지우고
녹슨 우리의 마음을 닦고 있지.
네가 세상에 나오는 날
낯설지 말라고 소곤소곤 목소리도 들려주지
엄마는 슈만과 슈베르트를 들으며 책을 읽고

아빠는 너를 가진 엄마의 모습을 사진으로 남겨놓고
할머니는 세상을 덜 더럽히는 수세미를 떠서
가까운 사람들과 나누고 있지.
재주로 세상을 다스리기보다는
한 코 한 코 빠뜨리지 말아야 하는 뜨개질처럼
하루하루를 엮어내는
빈 칸 없는 삶이 이루어지기를 바라며

그리다가 버린 도화지 대신에
새로 선생님께 한 장 받아낸 느낌
왠지 너로 인해
새로운 삶을 살 수 있을 것 같은 설렘
이제부터는 정말 잘 그려야지.

짱이야, 고맙다

영겁의 시간 전 아주 먼 곳
타오르는 햇볕 속에서 피워낸
그 사랑스런 꽃잎을
아낌없이 털어 내버리고
씨방 안에 꼭꼭 숨겨두었던
씨앗 하나
바람을 타고 와
마침내
우리 곁에 새로운 꽃성 하나를 지어내어
옥돌보다 맑고,
밧줄보다도 굵은 인연이 시작되었지.

맹하의 절기 소만
모든 것이 거친 숨을 고르며
가득 차오르는 날 밤
하늘 끝을 향해 담벼락을 기어오르는
담쟁이덩굴 같은 안간힘으로
너는 세상을 향해
첫울음을 울었다.

네가 태어나고
지친 엄마와 아빠가 잠든 새벽
모두 모두 기다리던
반가운 손님처럼
시원스런 장대비가 쏟아졌다.

하늘에 새로 이름을 올린
너의 별을 볼 수는 없었지만
모내기를 위해 논을 가득 메우고
물고기를 위해 연못을 붓게 만들고
목마른 나무들을 적셔주는
환희의 단비가 흠뻑 쏟아져 내렸다.
짱이야, 반갑구나.
오늘처럼
너는 항상 모두에게 필요한
단비 같은 사람이 될 거야.

밭에선 뽀얀 보리이삭이 패는 소리가 들리고
낯선 세상 따뜻한 엄마의 품에서
젖을 물기도 하고

잠을 자기도 하는 병원 뒤뜰엔
선홍색 석류꽃들이
길을 밝혀주는 초롱처럼
바티칸 궁전 성문 앞을
지키는 파수병처럼
연두색 잎사귀 사이로
고개를 들고 있었다.

해가 지고 달이 지고
두꺼운 껍질이 나팔처럼 벌어질 늦가을
반짝반짝 빛나는 석류알처럼
너의 잇몸 사이로 돋아나는
하얀 이들을 볼 수 있겠지.

우리는 네가
자라나는 모습을 바라보는
자랑스런 행복쟁이가 될 거야.

첫 돌맞이 짱이에게

엄마의 자궁이라는 편안한 집을 나와
우주의 빈 공간 같은
낭떠러지에 떨어진 듯한 낯설음
다행히
엄마 냄새에 조금씩 편안해 하더니
오래 전부터 한 식구였던 것처럼
순식간에
우리 집안의 제왕의 자리를 차지해버렸지.
너의 울음소리는
그 모든 것에 우선하는
비상 사이렌과 같은 것이었다.

처음으로 눈을 맞추고
처음으로 하나 둘 셋 소리를 듣고
처음으로 아랫니가 나오던 날
그건 뜨거운 소리를 가진
아름다운 회이었지.

양파 한 꺼풀을 벗은 셈
나이테가 하나 생긴 셈

첫돌을 맞이한 이 기쁨.
아장아장 걷기 시작한
너의 앙증맞은 모습은
세상 다른 어느 사람도 맛보지 못한
나 혼자만의 기쁨인 양
마구 자랑하고 싶은 걸 어떡하지?

사랑하는 찬휘야
이 세상에 태어날 때 사람은 누구나
자기가 키워야 할 마음을 받았다.
키도 얼굴도 머리도
주어진 대로 살아야 하는 게 참 많지.
그러나 마음은 내가 키우는 것이다.
마음을 키우는 것은 마음뿐이란다.
모두 모두 담을 수 있는
마음은 크기가 정해져 있지 않아.
바다보다 하늘보다 크게 키울 수 있지.
하지만
꼭 쥐고 닫고 있으면
마음은 자라지 않아.

넓고 크게
열어놓아야만 자라난단다.

아직도 듬성듬성한 너의 머리카락이
새까맣게 돋아날 때쯤
"할머니!"
라고 불러 줄 어느 날
난 누구에게도 지지 않는
자랑쟁이가 될 거야.

벌써 두 돌이에요

아장아장 걸음이
뒤뚱뒤뚱 걸음이
신발을 몇 켤레 바꾸더니
어느새 달리기도 잘한다.
할머니 품을 그렇게 탐하다가도
돌아서면 잊어버리는 짱이.

넌 모르지?
잠자는 너를 쓰다듬고
또 쓰다듬는 할머니의 손길을….
살면서 겪었던 그 모든 아쉬움들이
너로 하여 꽃이 되고 별이 되어
블랙홀처럼 만난 신세계
할머니가 된 다른 친구들과 공유하는 기쁨도 있다.
네가 아니면 신이 주는
마지막 기쁨의 통과의례를 거치지 못했겠지?

뽀로로와 토마스와 꼬마버스 타요를 좋아하는 우리 짱이
그들 못지않은 개구쟁이, 말썽꾸러기
그들처럼 상상력을 마음껏 키우렴.

우리는 날개가 없어도 날 수 있거든
상상한다는 것은
아무도 몰래 행복해질 수 있는
비밀의 통로를 갖는 것이란다.
우리도 상상력으로
다른 별 친구들의 이야기를 만들어 볼까?

나에게 안겨오는 너와
너를 안는 내가
만들어내는 이 따뜻함
지구상의 어떤 온도계로도 잴 수 없을 거야.

짱이를 보내며

8월 18일 목요일 인천공항에서 점심을 먹고
짱이는 절친 할머니와 헤어져서
비행기를 12시간이나 타고 가는 영국으로 떠났다.

그렇게 자주 얼굴을 보던 할머니와
오래 헤어져야 한다는,
말도 안 되는 일이 생길 것을
너는 알지 못하지.

아주 가느다란 다리와 예쁜 주둥이를 가진 산새
식장산 골짜기에 무더기로 피어 있던 자하색의 산수국
소나기가 걷히고 교실 창문을 통해서 본
황홀한 색깔의 무지개다리
나의 마음속에 이쁨이라는 단어로 묶어져 있는 것들
그리고 그것들보다 더 이쁜 것
2009년 초여름에
우리에게 다가온 너의 까만 눈동자

래미안 17층에서 보는 달님
참으로 짱이가 좋아하는 달님
쟁반처럼 동그랗다가 눈썹처럼 가늘어지는 그 달님
서울에서도, 런던에서도
대전에서도 볼 수 있는 달님
가끔 밥 먹으러 가서
목욕하러 가서
보이지 않을 때도 있지만
낮에는 하얗게 밤에는 노랗게 보이는 달님께
할머니는 기도한단다.

달님처럼
채우기도 하지만
비울 줄도 아는
짱이가 되게 해 달라고.

세 살이에요

아무리 꽁꽁 싸서 안아도
어느덧 아기담요 밖으로 발이 쏙 나오네.
'어때? 힘세지?'
하루에도 몇 번씩 힘자랑을 하는
처음 보는 아저씨에게도 뽀뽀하기를 꺼리지 않는
한글카드로 공부하기는 싫어하는
할머니가 불러준 노래들 가사만 정확하게 부르는
내 사랑 짱이야.
할머니가 만들어준 떡 케이크에
계란 꽃이 세 송이 피었지.
책가방을 메고
유치원에 가는 짱이는
달력에 나오는 그림처럼 예뻤다.

민들레꽃 꺾어서 선생님 드리고
크로바 잎사귀 따다가 고모 드리고
장미꽃 꺾어서 할머니 드리고
런던 교외에 있는 짱이네집 공원 연못
아기 오리 주둥이에 빵조각을 넣어주는
엄마오리처럼

짱이 마음에
나누어줄 사랑이 그치지 말기를….

한 달 동안 런던에 함께 있다가
출국장을 나서는 할머니의 귓전에
너무나 슬픈
짱이의 울음소리가 들렸지.
헤어지는 것이 아프다는 것을
알았다는 것은
마음이 한 뼘씩 자라고 있다는 뜻임을….

김밥기차 찰흙기차 빨간기차 하얀기차
기차에게 생일 노래를 불러주고
기차에게 전화도 바꿔주고
기차에게 밥도 먹여주는
기차와의 변치 않는 우정

어디론가 쉬지 않고 달려가는 기차처럼
쉬지 않고 꿈꾸는 짱이가 되어다오.

파도놀이

바다도 때로는 심심한가보다.
아니면 물고기들이 가고 싶다고 졸라서일까,
백사장에 놀러 온 파도와
술래잡기에 빠진 짱이
물거품이 이는 파도를 쫓아가서
돌멩이 하나를 던지고
나 잡아봐라
잔달음으로 도망오고
술래가 된 파도는
발자국을 지우면서 부지런히 쫓아온다.
숨이 찬 파도가
'에이'
하면서 물러가면
짱이는 또 돌멩이 하나를 주워 던지며
약을 올린다.
짱이가 도망갈 수 있을 만큼만
만수받이로 되풀이해주는
파도는
바다를 처음 만난 짱이에게
자치동갑 친구가 된다.

썰물이 되어
손을 흔들며
자기 집으로 되돌아갈 때까지
바다도 짱이도
심심하지 않아서 참 좋다.

* 만수받이 : 아주 귀찮게 구는 말이나 행동을 싫증 내지 않고 잘 받아 주는 일.
* 자치동갑 : 한 살 정도 차이 나는 나이.

다시 만난 짱이

2년 전 영국으로 떠났던 짱이네 식구들이
까치집을 이고 있는
키 큰 나무들이 가득한
지족산 아래 새 집에서 다시 만났지.
햇빛에 그을려 까만 얼굴
그래서 더 반짝이는 너의 눈망울.

엄마와 아빠가 다시 각자의 일터로 돌아가고
짱이는 할머니와 단짝이 되었지.
“I want to see Mommy and Daddy.”
놀이터에서
늦도록 오지 않는 엄마를 기다리며
한 밤중 별들이 놀라도록 네가 외친 소리

한글카드를 만들어 짱이는 한글을 터득하고
할머니가 약속한 레고를 사려고
대형매장에 갔을 때
또 다른 장난감 기차를 사 달라고
집에 돌아올 때까지 우는
짱이에게 할머니가 해준 말

'많이 참을 수 있어야
많이 훌륭한 사람이 될 수 있단다.'

저녁에 음식물쓰레기를 버리고
달님과 혹은 별님과 나무와 자동차와
내기를 했던 산수 문제들
늘 짱이의 승리로 끝나는 덧셈과 뺄셈.
지누(고양이)와 겨루는 한자 문제들
할머니가 지식과 지혜를 전해주기 위해
끌어들인 모든 친구들,
동물과 식물, 생물과 무생물을 모두 좋아하는
맑은 마음을 잘 간직하렴.

다섯 돌 생일을 축하해요

해님도 달님도 샘내도록 너무 이쁜 우리 찬휘
꽃잎 속에 숨었다가
나뭇가지에 숨었다가
장다리 노란 꽃잎에 날아 온 나비처럼
우리 곁에 날아 온 짱이

지혜반 친구들
할머니가 어렸을 때 선생님이 들려 준 이야기에요.
벌 같은 사람, 개미 같은 사람, 거미 같은 사람 중에서
어떤 사람이 되고 싶어요?
벌은 이웃에게 맛있는 꿀을 나누어 주고
개미는 이웃에게 아무 것도 주지 않지만
피해도 주지 않아요.
그러나 거미는 이웃에게 아무 것도 안 주면서
지저분한 거미줄로
다른 곤충들을 잡아먹는 피해를 주지요.
할머니 생각에
친구들은 벌 같은 사람이 되고 싶어 할 것 같아요.

그래요,

우리는 우리만을 위해서 사는 것이 아니라

다른 사람들도 사랑하면서 살아야 해요.

다른 사람을 사랑하려면 힘을 많이 키워야하겠지요?

튼튼한 몸과 좋은 머리를 가져야 해요.

그러려면 면역 병정을 만드는 음식을

고루고루 먹어야하고

뇌를 크게 만드는 책도 많이 읽어야 하겠지요?

그래야 더 많은 것을

벌처럼 이웃들에게 나누어 줄 수 있어요.

요즘 산과 들에 많은 꽃들이 정말 아름답지만

정말 이쁜 꽃들은 지혜로운 반 친구들이에요.

지혜반 친구들이 뿜어내는

꽃향기가 지금 할머니 곳등을 긴 길이고 있거든요.

지혜반 친구들, 선생님.

모두 사랑해요.

여섯 돌 찬휘

오늘 나뭇잎 색깔의 피터팬 옷을 입고
생일잔치의 주인공이 된 너.
두 갈래로 머리 따 내린 아가씨 같은 산봉우리 사이로
하이얀 아카시아꽃 향기를 가득 담은 바람이
찬휘와 함께 생일 케이크 촛불을 끄고 싶대요.

감사하는 반 친구들.
크고 반듯한 나무는 좋은 집을 짓는데 쓰이지만
작고 비뚤어진 나무는 땔감으로밖에 쓰이지 못하지요.
어린 나무를 크고 좋은 나무로 반듯하게 키우려면
어떻게 할까요?
잔가지가 자라지 않게 다듬어주어야 하고
굽어지지 않게 잘 잡아주어야 하겠지요.

사람도 똑같아요.
훌륭하고 큰 사람을 만들기 위해서는
어릴 때부터 비뚤어지지 않게
부모님이나 선생님이 잘 잡아주어야 해요.

하지만 부모님이나 선생님이
아무리 잘 잡아주려고 해도
듣지 않고 말썽만 부리면 아무 소용이 없겠지요?
곧게 잘 자라서
어디서나 기둥이 되기를
하나님께 기도할게요.

구름이 있어 노을이 아름다운 것처럼
네가 있어 할머니의 늦은 나이가
외롭지도 슬프지도 않단다.
할머니와 함께 하는
한문 공부도 열심히 하는 찬휘랑
감사반 친구들, 선생님
모두 모두 사랑해요.

초등학교 학생이에요

책가방과 신발주머니
방과 후 수업 준비물
주판, 우쿠렐레, 크레파스와 색연필, 그리고 로봇 상자.
불평도 안하고
짐꾼처럼 지고 메고 들고….

꽃샘바람이 봄을 막고 헤살을 부리던 3월
작은 유치원을 떠나
학교 입학식을 치른 찬휘는
정말 많은 친구와 형을 선물 받았다.
오늘 고깔모자를 쓰고
친구들이 불러주는 노래와 선물로
일곱 돌을 맞았다.

할머니 친구가 보여준 신기한 마술
팀을 이루어 했던 노래 게임
주먹밥과 떡볶이, 예쁜 선물들
찬휘가 생일의 뜻으로 한문 시험지에 썼던
'나만의 날'

찬휘야.
사람들이 왜 그렇게 생일을 축복해줄까
누군가가 이 세상에 태어난다는 것은
아주 많은 꿈을 가진
미래를 선물 받는다는 뜻이야.

조약돌도 있고 바위도 있듯이
아름답고 훌륭한 숲이 되도록
풀이어도, 꽃이어도, 나무이어도
아무려나
무럭무럭 자라렴.

시로 쓴 일상

마중편지

知命 이선희 시집

발 행 일 | 2017년 8월 5일
지 은 이 | 이선희
발 행 인 | 李憲錫
발 행 처 | 오늘의문학사
출판등록 | 제55호(1993년 6월 23일)
주 소 | 대전광역시 동구 대전로867번길 52 (한밭오피스텔 401호)
전화번호 | (042)624-2980
팩시밀리 | (042)628-2983
전자우편 | hs2980@hanmail.net
다음카페 | cafe.daum.net/gljang (문학사랑 글짱들)
다음카페 | cafe.daum.net/art-i-ma (아트매거진 아띠마)

공 급 처 | 한국출판협동조합
주문전화 | (070)7119-1752
팩시밀리 | (031)944-8234~6

ISBN 978-89-5669-836-6 03810
값 10,000원

* 이 책은 ㈜교보문고에서 E-Book(전자책)으로 제작하여 판매합니다.
* 잘못 제작된 책은 바꾸어 드립니다.